p.26

dish

doghouse

cat

drum

p.29

p.42

car

mad

cakes

bike

whistle

p.54

p.58

deep

scared

slide

toe

p.78

wing

teeth

fly

nest

1© Sticker

p.65

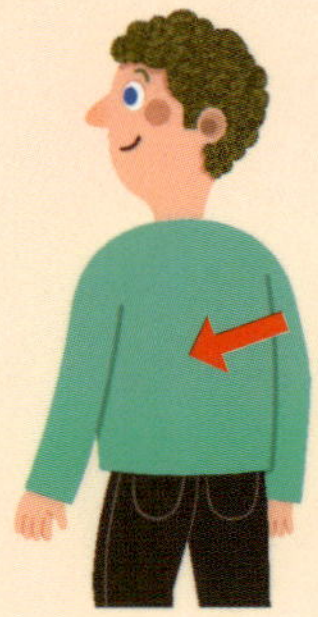

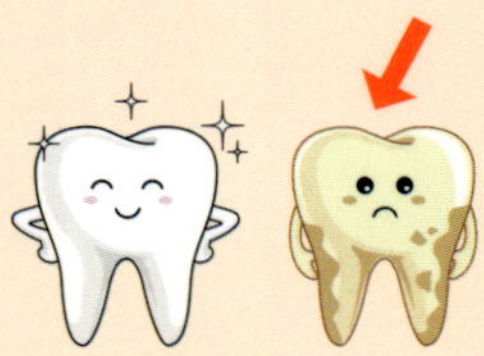

p.94

Parrots

yarn

balls

clay

p.97

p.106

p.110

Wind	pond	Sun
fan	jacket	

책 속 음원
바로 듣기!

음원 듣기 & 단어챈트 영상

남다른 학습법으로
기적 같은 실력을 보장하는

기적의 영어리딩

체계적인 6단계 커리큘럼

	1 with 파닉스	2 with 주제 어휘	3 with 문장 패턴
목표	큰소리 리딩으로 문자 해독력을 높여요	리딩의 재미를 알며 기초 어휘력을 쌓아요	필수 문형을 접하며 문장 이해력을 높여요
리딩 소스	일상 이야기, 만화, 동화, 서사 논픽션 읽기	일상 이야기, 만화, 동화, 서사 논픽션 읽기	초대장, 포스터, 규칙 등의 정보·지식이 결합된 스토리 읽기
난이도	AR 0.5~1.0 Lexile BR~50 Words 50~70 (6p)	AR 0.7~1.5 Lexile 25~200 Words 70~90 (6p)	AR 1.3~2.3 Lexile 125~400 Words 90~110 (4p)
성취 수준	기초 어휘 180개	초등 3~4학년 교과서 수준 필수 어휘 180개	초등 5~6학년 교과서 수준 필수 어휘 200개

✓ 독해력 성장의 핵심 과정을 탄탄하게 밟아가는 6단계 리딩 프로그램

✓ 기적만의 3-Step 완전학습 시스템으로 확실한 학습 성과를 보장!

✓ 새 교육과정을 연계한 콘텐츠로 리딩 기초부터 중학 수준까지 저절로 완성!

✓ 적정 학습분량과 친절한 학습안내로 혼자서도 끝까지 완주 가능

4 with 문장 구조

다양한 글감을 읽으며 문장 구성력을 키워요

일상 소재의 실용문, 짧은 논픽션 읽기

AR 2.3~3.3
Lexile 420~620
Words 100~130

고학년 독해력 완성

5 with 문법

글을 논리적으로 이해하여 핵심을 파악해요

교과 연계된 최신 소재의 정보글 읽기

AR 3.0~3.9
Lexile 550~680
Words 130~150

예비중 리딩 · 문법 통합

6 with 서술형 영작

읽은 내용을 바탕으로 정리하는 표현력을 길러요

교과 연계된 최신 소재의 정보글, 의견글 읽기

AR 3.7~4.7
Lexile 650~780
Words 150~180

중학 독해 · 서술형 시험 대비

리딩 첫 시작부터 독해력 완성까지!

기본 다지기 — 영어와 친해지는 스토리 리딩으로 기본 바탕을 튼튼히!

Level 1 Level 2 Level 3

기적의 영어리딩 Level 1~3

- 초등 저학년의 영어 성장을 위한 리딩 기초 학습서
- 일상 이야기, 카툰, 동화 등 흥미로운 스토리로 리딩을 즐겁게 시작
- 따라가면 저절로 학습이 완성되는 3-STEP(읽기-이해-확장) 매일 학습
- 리딩의 기본기를 탄탄히 하는 파닉스 → 어휘 → 문장을 순차적으로 강화

실력 완성하기 — 논픽션 리딩으로 읽고 이해하고 표현하는 힘 기르기!

기적의 영어리딩 Level 4~6

- 초등 고학년의 문해력 완성과 중학 영어로의 연결을 돕는 리딩 심화 학습서
- 다양한 실용문과 정보글을 읽으며 글의 구조를 시각화하고 핵심을 파악하는 힘 강화
- 읽은 내용을 바탕으로 정리하고 표현하는 서술형 영작 훈련
- 문장 구조 → 논리적 이해 → 표현력 확장으로 이어지는 단계별 아웃풋 설계

1C

리딩 첫 시작
AR 0.5~1.0

기적의 영어리딩

with 파닉스

길벗스쿨

기적만의
3-Step 완전학습 시스템

읽고, 이해하고, 확장하는 3-Step 시스템으로 겉핥기가 아닌 진짜 실력을 키웁니다. 하나의 지문을 3단계에 걸쳐 깊이 있게 학습하면서 콘텐츠를 제대로 소화합니다. 동시에, 리딩의 기본 바탕이 되는 파닉스-어휘력-문장력을 차례로 강화합니다. 단순한 읽기를 넘어 문해력 성장을 위한 핵심 학습이 통합적으로 이루어지는 학습법입니다.

Step 1. 읽기

단어 익히기

스토리 지문을 이해하는 데 필수적인 키워드를 먼저 학습합니다.

스토리 리딩

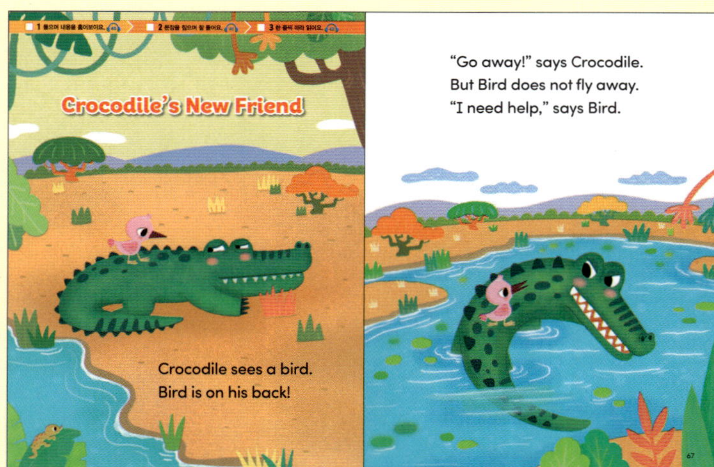

몰입하여 즐길 수 있는 흥미로운 스토리를 담아, 반복하여 듣고 읽는 동안 단어와 표현을 쉽게 체화합니다.

Step 2. 이해

내용 확인 문제

다양한 유형의 문제를 통해 읽은 내용을 충분히 이해하고, 단어 및 문장을 반복 학습하게 됩니다.

Step 3. 확장

파닉스 강화

실력을 한 단계 더 끌어올리는 핵심학습을 짚고 갑니다.
Level 1에서는 문자 해독력을 높여주는 '파닉스'를 다집니다.

Contents

Level 1-C

How to Study

문자 읽기의 기초를 다지며
흥미진진한 스토리 지문으로 첫 읽기를 즐겁게 시작합니다!

Level 1은 초등 저학년 눈높이에 맞춘 쉬운 문장과 다양한 장르(일상 이야기, 동화, 만화, 서사 논픽션)를 통해 읽는 즐거움을 경험하게 합니다. Read Aloud 가이드를 따라 여러 번 듣고 큰 소리로 읽어 보세요. 읽기 유창성은 물론 콘텐츠 이해력이 빠르게 성장합니다.

더불어 라임(rime) 워드와 파닉스 어휘로 문자 학습을 다지고, 기초 어휘 108개를 확실히 익혀 리딩의 기본기를 탄탄히 쌓습니다.

Step 1. 읽기
핵심 단어를 익힌 다음 지문 따라 읽기

❶ [Key Words]에서 핵심 단어의 발음을 듣고 뜻과 철자를 익혀요.

❷ 간단한 액티비티를 풀며 단어를 즐겁게 복습해요.

❸ 신나는 **[단어 챈트]**를 반복해서 들으며 단어를 확실히 익혀요.

❹ 세 가지 버전의 Read Aloud 가이드 음원을 들으며, 스토리 지문을 듣고 따라 읽어요.

[스토리 듣기] 오디오를 잘 들으며 어떤 내용인지 살펴봐요.

[집중 듣기] 손가락으로 하나씩 짚으며 글자에 집중하여 들어요.

[따라 읽기] 직접 소리내어 읽어봐요. 들려주는 문장을 한 줄씩 따라 읽어보세요.

Step 2. 이해

문제를 풀며 지문을 제대로 이해하기

❶ [Story Check]에서는 여러 유형의 문제를 풀며 스토리의 흐름과 내용을 제대로 이해해요. 문제 속에서 단어와 문장을 반복해 만나며 영어표현을 자연스럽게 익혀요.

❷ 문제 풀이 후 **[별책]** 정답지를 참고하여 채점하고 틀린 문제를 확인해요.

Step 3. 확장

파닉스 점검 후, 스스로 소리내어 읽기

❶ **[Phonics]**에서, 스토리에 등장한 단어들의 공통 음가와 철자를 확인해요.

❷ 공통 음가끼리 분류하는 문제와 낯선 단어를 읽어보는 **[Challenge]** 코너로 파닉스를 강화해요.

❸ **[I Can Read]** 스스로 소리 내어 읽기 연습을 해요. 직접 소리내서 읽을수록 리딩 실력이 좋아집니다.

[Review Test] 리뷰 테스트 2회분이 포함됩니다. Unit 1~3에 대한 테스트와 Unit 4~6에 대한 테스트로 영어 실력을 확인해 볼 수 있어요.

[별책: Practice Book] 단어, 문장, 파닉스, 딕테이션에 관련해 선택적으로 보충학습을 할 수 있습니다.

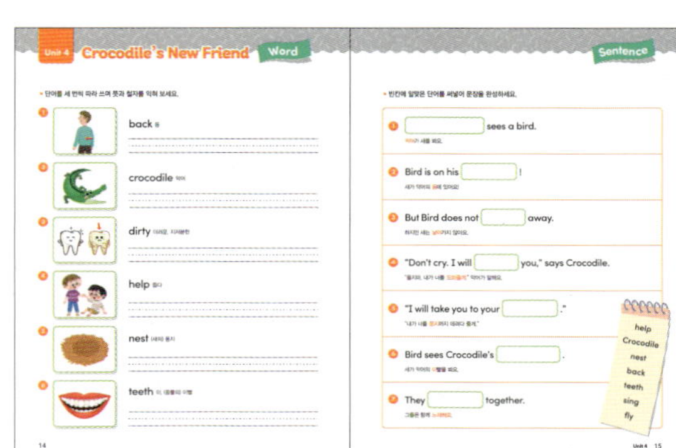

Study Plan

학습 완주를 위해 미리 학습계획을 세워 보세요.
주 5일 학습하여 한 달 완성하기, 또는 주 3일 학습하여 6주 완성하기!
나에게 맞는 계획은 어느 쪽인가요? 목표를 세운 다음, 아래 진도표를 따라 공부해 보세요.

주 5일 학습 스케줄

4 Week

Week 1	Unit 1	Unit 1	Unit 1	Unit 2	Unit 2
	Step 1 읽기 본책 p.12~19 별책 p. 2	**Step 2** 이해 본책 p. 20~23 별책 p. 3	**Step 3** 확장 본책 p. 24~26 별책 p. 4~5	**Step 1** 읽기 본책 p. 28~35 별책 p. 6	**Step 2** 이해 본책 p. 36~39 별책 p. 7
	◯ 월 ◯ 일	◯ 월 ◯ 일	◯ 월 ◯ 일	◯ 월 ◯ 일	◯ 월 ◯ 일
Week 2	Unit 2	Unit 3	Unit 3	Unit 3	Review Test 1
	Step 3 확장 본책 p. 40~42 별책 p. 8~9	**Step 1** 읽기 본책 p. 44~51 별책 p.10	**Step 2** 이해 본책 p. 52~55 별책 p.11	**Step 3** 확장 본책 p. 56~58 별책 p.12~13	본책 p. 59~62
	◯ 월 ◯ 일	◯ 월 ◯ 일	◯ 월 ◯ 일	◯ 월 ◯ 일	◯ 월 ◯ 일
Week 3	Unit 4	Unit 4	Unit 4	Unit 5	Unit 5
	Step 1 읽기 본책 p. 64~71 별책 p.14	**Step 2** 이해 본책 p. 72~75 별책 p.15	**Step 3** 확장 본책 p. 76~78 별책 p.16~17	**Step 1** 읽기 본책 p. 80~87 별책 p.18	**Step 2** 이해 본책 p. 88~91 별책 p.19
	◯ 월 ◯ 일	◯ 월 ◯ 일	◯ 월 ◯ 일	◯ 월 ◯ 일	◯ 월 ◯ 일
Week 4	Unit 5	Unit 6	Unit 6	Unit 6	Review Test 2
	Step 3 확장 본책 p. 92~94 별책 p. 20~21	**Step 1** 읽기 본책 p. 96~103 별책 p. 22	**Step 2** 이해 본책 p.104~107 별책 p. 23	**Step 3** 확장 본책 p.108~110 별책 p. 24~25	본책 p.111~114
	◯ 월 ◯ 일	◯ 월 ◯ 일	◯ 월 ◯ 일	◯ 월 ◯ 일	◯ 월 ◯ 일

6 Week

주 3일 학습 스케줄

Week 1 Unit 1	**Step 1 읽기** 본책 p.12~19 별책 p. 2	**Step 2 이해** 본책 p. 20~23 별책 p. 3	**Step 3 확장** 본책 p. 24~26 별책 p. 4~5	
	◯월◯일	◯월◯일	◯월◯일	
Week 2 Unit 2	**Step 1 읽기** 본책 p. 28~35 별책 p. 6	**Step 2 이해** 본책 p. 36~39 별책 p. 7	**Step 3 확장** 본책 p. 40~42 별책 p. 8~9	
	◯월◯일	◯월◯일	◯월◯일	
Week 3 Unit 3	**Step 1 읽기** 본책 p. 44~51 별책 p.10	**Step 2 이해** 본책 p. 52~55 별책 p.11	**Step 3 확장** 본책 p. 56~58 별책 p.12~13	**Review Test 1** 본책 p. 59~62
	◯월◯일	◯월◯일	◯월◯일	◯월◯일
Week 4 Unit 4	**Step 1 읽기** 본책 p. 64~71 별책 p.14	**Step 2 이해** 본책 p. 72~75 별책 p.15	**Step 3 확장** 본책 p. 76~78 별책 p.16~17	
	◯월◯일	◯월◯일	◯월◯일	
Week 5 Unit 5	**Step 1 읽기** 본책 p. 80~87 별책 p.18	**Step 2 이해** 본책 p. 88~91 별책 p.19	**Step 3 확장** 본책 p. 92~94 별책 p. 20~21	
	◯월◯일	◯월◯일	◯월◯일	
Week 6 Unit 6	**Step 1 읽기** 본책 p. 96~103 별책 p. 22	**Step 2 이해** 본책 p.104~107 별책 p. 23	**Step 3 확장** 본책 p.108~110 별책 p. 24~25	**Review Test 2** 본책 p.111~114
	◯월◯일	◯월◯일	◯월◯일	◯월◯일

Read Aloud를 위한 4가지 음원

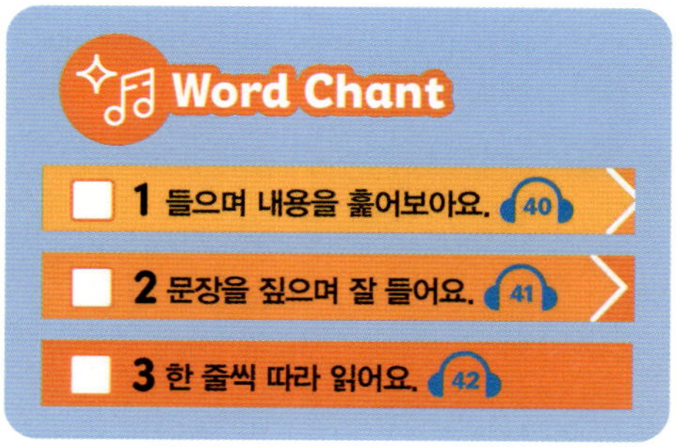

- 읽기 준비를 위한 [단어 챈트]
- 그림과 함께 [스토리 듣기]
- 글자를 짚으며 [집중 듣기]
- 한 문장씩 [따라 읽기]

길벗스쿨 e클래스 에서 오디오 바로 듣기

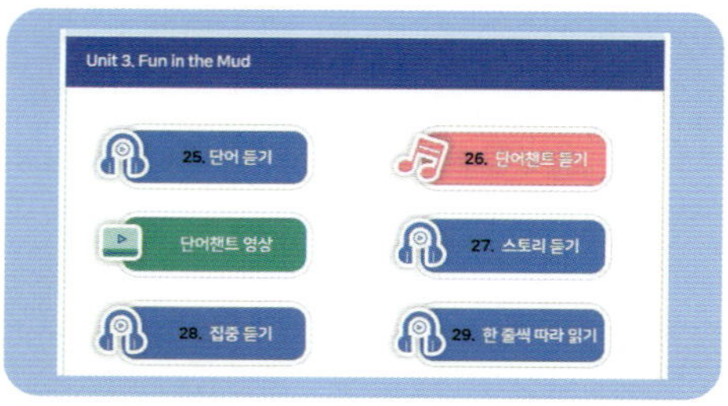

eclass.gilbut.co.kr에서 학습에 필요한 모든 음원를 제공합니다. 오디오 번호를 찾아 한 번만 탭하면 단어와 스토리를 바로 들을 수 있어요.

학습의 재미를 더하는 스티커 활동!

그림 스티커를 붙이며 단어·문장을 익혀요.

Unit

1

Tap, Tap, Surprise!

STEP 1 읽기	STEP 2 이해	STEP 3 확장
핵심 단어를 익혀서 스토리 듣고 읽기	읽은 내용을 점검하며 스토리 이해하기	파닉스를 강화하여 유창하게 읽기

Key Words

A 그림을 보며 단어를 잘 들어 보세요. 01

1

톡톡 두드리다, 톡톡 치는 소리

tap

2

북, 드럼

drum

3

어항

fish tank

4

낮잠

nap

5

개집

doghouse

6

바구니

basket

B 단어를 따라 쓴 다음, 알맞은 그림을 찾아 연결하세요.

drum

nap

basket

fish tank

tap

doghouse

Word Chant

단어를 하나씩 짚으며 단어챈트를 따라 말해 봐요. 02

Tap, Tap, Surprise!

I am a little drummer.

I tap my drum.

It makes an exciting sound.

I love tapping things.
I tap the table. *Tap, tap!*

I tap the dish. *Clink, clink!*

I tap the glass. *Clink, clink!*

I tap the fish tank. *Tap, tap!*

Our dog is taking a nap.

I tap the doghouse. *Thud, thud!*

I tap the basket. *Meow, meow!*

Huh? What's that sound?

Our cat jumps out.

She taps me back!

Story Check

A 단어를 잘 듣고, 순서에 맞게 번호를 쓰세요. 06

 ◯
 ◯
 ◯
 ◯

B 잘 듣고 알맞은 그림과 연결하세요. 07

1 • 

2 • 

3 • 

C 빈칸을 채워서 다음 문장을 완성하세요.

1

Our cat jumps out.

Our ______ ______ out.

2

I tap the fish tank.

I ______ the ______.

Picture Talk

그림 장면을 보고, 알맞은 단어에 동그라미 하세요. 08
(오디오를 들으며 답을 확인해 보세요.)

He has a (drum / dish).
그는 ~을 가지고 있어요.

He taps the (table / basket).
그는 ~을 두드려요.

A (cat / dog) is in the basket.
~가 바구니 안에 있어요.

D 다음은 무엇을 두드릴 때 나는 소리인가요? 선을 연결하세요.

Thud, thud!

Tap, tap!

Clink, clink!

Meow, meow!

dish

doghouse

basket

fish tank

E 어떤 물건을 두드렸을까요? 그림을 찾아 동그라미 하세요.

I tap the ________.
Clink, clink!

F 스토리를 다시 들으며 이야기 순서에 맞게 번호를 쓰세요. 09

Think & Say

여러분도 물건 두드리기를 좋아하나요? 숟가락(spoon), 종이 상자(box)와 같은 다양한 물건을 두드려 보고 어떤 소리가 나는지 말해 보세요.

I tap the ________.

________ (소리)

Phonics

A 단어를 듣고 따라 말해 보세요. 그다음, 빈곳에 알맞은 철자를 쓰세요. 10

1

sound → s ___ nd

2

house → h ___ se

3

tap → t ___

4

nap → n ___

5

dish → di ___

6

fish → fi ___

B 같은 소리가 나는 단어끼리 모아 알맞은 곳에 쓰세요.

fish tap sound

nap house dish

-ou-

-sh

-ap

Challenge 새로운 단어도 스스로 읽을 수 있나요? 오디오를 들으며 확인해 보세요. 11

mouse Yes ☐ No ☐

wash Yes ☐ No ☐

map Yes ☐ No ☐

I Can Read

Tap, Tap, Surprise!

I am a little drummer.
I tap my ________.
It makes an exciting sound.

I love tapping things.
I tap the table. *Tap, tap!*

I tap the ________. *Clink, clink!*
I tap the glass. *Clink, clink!*

I tap the fish tank. *Tap, tap!*
Our dog is taking a nap.
I tap the ________. *Thud, thud!*

I tap the basket. *Meow, meow!*
Huh? What's that sound?

Our ________ jumps out.
She taps me back!

Self-Check

- ☐ 스토리 전체를 스스로 읽을 수 있어요.
- ☐ 배운 단어의 뜻을 잘 알아요.
- ☐ 헷갈리는 발음은 다시 들으며 확실히 익혔어요.

단어 스티커를 붙여 글을 완성하고 큰 소리로 읽어 보세요.
스토리를 다시 들으며 잘 읽었는지 확인해 보세요. 12

Unit

2

The Little Whistler

STEP 1 읽기
핵심 단어를 익혀서
스토리 듣고 읽기

STEP 2 이해
읽은 내용을 점검하며
스토리 이해하기

STEP 3 확장
파닉스를 강화하여
유창하게 읽기

1 읽기
2 이해
3 확장

Key Words

A 그림을 보며 단어를 잘 들어 보세요. 13

1 엄마

mom

2 (빵 등을) 굽다

bake

3 휘파람을 불다

whistle

4 운전하다

drive

5 연습하다

practice

6 몹시 화가 난

mad

B 그림 스티커를 붙여서 액자를 완성한 다음, 단어를 따라 쓰세요.

sticker

whistle

sticker

mom

sticker

drive

sticker

bake

sticker

practice

sticker

mad

Word Chant

단어를 하나씩 짚으며 단어챈트를 따라 말해 봐요. 14

1 들으며 내용을 훑어보아요. 15 2 문장을 짚으며 잘 들어요. 16 3 한 줄씩 따라 읽어요. 17

The Little Whistler

Mom likes to bake cakes.

She whistles while baking.

But I can't.

Dad whistles while driving a car.

But I can't.
I'm sad.

Can Jake whistle?
Of course he can.

Jake whistles
while riding a bike.

I practice and practice.
But I can't whistle.
I'm mad.

Oh! I just did it!
Did you hear me?

Now I can whistle.
I feel all grown-up.

Story Check

A 단어를 잘 듣고, 순서에 맞게 번호를 쓰세요. 18

B 잘 듣고 알맞은 그림과 연결하세요. 19

1

2

3

C 빈칸을 채워서 다음 문장을 완성하세요.

1

Mom likes to bake cakes.

__________ likes to __________ cakes.

2

Oh! I just did it!

Oh! I just __________ __________!

Picture Talk

그림을 보고, 알맞은 단어에 동그라미 하세요. 20
(오디오를 들으며 답을 확인해 보세요.)

Dad is in the (house / car).
아빠는 ~ 안에 있어요.

Dad (can / can't) whistle.
아빠는 휘파람을 ~.

The boy is (happy / sad).
소년은 ~해요.

D 주인공의 가족들은 언제 휘파람을 부나요? 알맞은 그림을 찾아 연결하세요.

Mom whistles • • while driving.

Dad whistles • • while riding a bike.

Jake whistles • • while baking.

E 주인공의 기분이 어떻게 변화했나요? 알맞은 단어에 번호를 쓰세요.

❶ 

I can't whistle.

→ ❷ 

→ ❸ 

I can whistle.

- ◯ happy
- ◯ mad
- ◯ sad

F 스토리를 다시 들으며 이야기 순서에 맞게 번호를 쓰세요. 21

Think & Say

주인공처럼 뭔가를 열심히 연습해 본 적이 있나요?

자전거 타기, 줄넘기, 리코더 불기 같은 것이요.

연습해서 무엇을 할 수 있게 되었나요?

I practiced a lot.

Now I can ________!

Phonics

A 단어를 듣고 따라 말해 보세요. 그다음, 빈곳에 알맞은 철자를 쓰세요. 22

1

Jake → J / ___

2

bake → b / ___

3

cake → c / ___

4

sad → s / ___

5

mad → m / ___

6

dad → d / ___

B 단어를 읽으며 따라 쓴 다음, 알맞은 그림을 찾아 번호를 쓰세요.

-ad

- ○ sad
- ○ mad
- ○ dad

-ake

- ○ Jake
- ○ bake
- ○ cake

1

2

3

4

5

6

Challenge 새로운 단어도 스스로 읽을 수 있나요? 오디오를 들으며 확인해 보세요. 23

bad

Yes ☐

No ☐

lake

Yes ☐

No ☐

I Can Read

The Little Whistler

Mom likes to bake  .
She whistles while baking.
But I can't.

Dad whistles while driving a  .
But I can't.
I'm sad.

Can Jake whistle?
Of course he can.
Jake whistles while riding a  .

I practice and practice.
But I can't whistle.
I'm  .

Oh! I just did it!
Did you hear me?

Now I can  .
I feel all grown-up.

Self-Check

- ☐ 스토리 전체를 스스로 읽을 수 있어요.
- ☐ 배운 단어의 뜻을 잘 알아요.
- ☐ 헷갈리는 발음은 다시 들으며 확실히 익혔어요.

단어 스티커를 붙여 글을 완성하고 큰 소리로 읽어 보세요.
스토리를 다시 들으며 잘 읽었는지 확인해 보세요. 24

Unit

3

Swimming Is Fun!

STEP 1 읽기
핵심 단어를 익혀서
스토리 듣고 읽기

STEP 2 이해
읽은 내용을 점검하며
스토리 이해하기

STEP 3 확장
파닉스를 강화하여
유창하게 읽기

1 읽기
2 이해
3 확장

Key Words

A 그림을 보며 단어를 잘 들어 보세요. 25

1 수영하다

swim

2 미끄럼틀

slide

3 물

water

4 깊은

deep

5 살짝 담그다, 적시다

dip

6 발가락

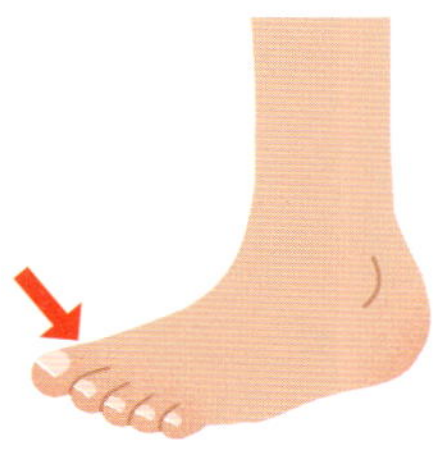

toe

B 단어를 따라 쓴 다음, 알맞은 그림을 찾아 연결하세요.

water

dip

deep

swim

toe

slide

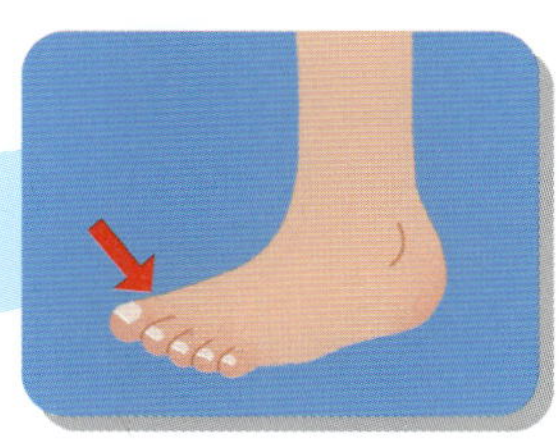

Word Chant

단어를 하나씩 짚으며 단어챈트를 따라 말해 봐요. 26

Swimming Is Fun!

I have swimming lessons.
It's my first day.

The water looks deep.
The slide is too steep.

The steps are slippery.

I feel scared.

"Come on in!"
the swim coach says.

I dip my toe
in the water.

I dip my feet
in the water.

I go into the water.

It's not that deep!

I start swimming slowly.

Swimming is so much fun!

Story Check

A 단어를 잘 듣고, 순서에 맞게 번호를 쓰세요. 30

B 잘 듣고 알맞은 그림과 연결하세요. 31

1

2

3

C 빈칸에 들어갈 알맞은 말을 찾아 V 표시를 하세요.

1

I have ________ lessons.

☐ swimming ☐ skating

2

I go into the ________.

☐ slide ☐ water

Picture Talk

그림 장면을 보고, 질문에 알맞은 대답을 완성하세요. 32
(오디오를 들으며 답을 확인해 보세요.)

What is the pool like?
(수영장은 어떤가요?)

The water looks ________.

The slide is too ________.

The steps are ________.

slippery steep deep

D 주인공이 수영을 하기까지의 과정을 스티커를 붙여 완성하세요.

sticker

dip my toe

sticker

dip my feet

sticker

go into the water

swim slowly

E 겁먹었던 주인공이 수영장 물에 들어가고 나서 뭐라고 말했나요?

- The water is deep! ☐
- It's not that deep! ☐

F 스토리를 다시 들으며 이야기 순서에 맞게 번호를 쓰세요. 33

Think & Say

여러분은 어떤 운동을 즐겨 하나요? 축구(playing soccer), 달리기(running), 줄넘기(jumping rope) 등 좋아하는 운동을 다음과 같이 말해 보세요.

____________ is so much fun!

Phonics

A 단어를 듣고 따라 말해 보세요. 그다음, 빈곳에 알맞은 철자를 쓰세요. 34

1

slide → ___ ide

2

slippery → ___ ippery

3

slowly → ___ owly

4

deep → d ___ p

5

steep → st ___ p

6

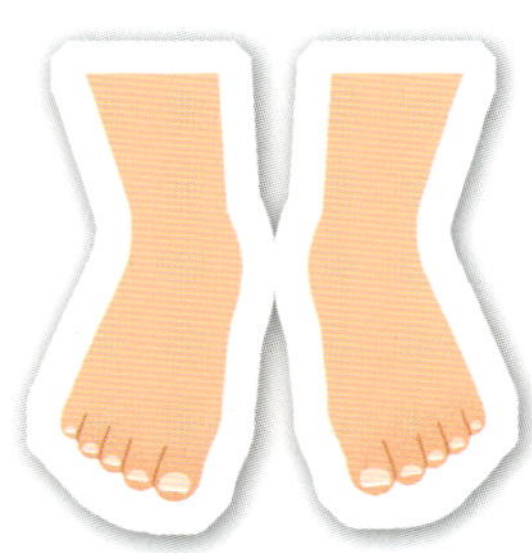

feet → f ___ t

B 단어를 읽으며 따라 쓴 다음, 알맞은 그림을 찾아 번호를 쓰세요.

sl-

slowly

slippery

slide

-ee-

deep

steep

feet

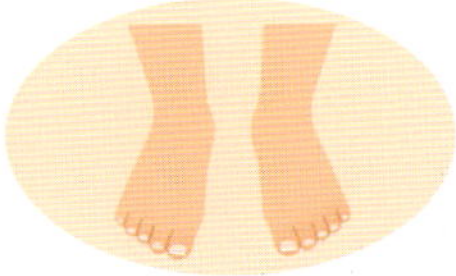

challenge 새로운 단어도 스스로 읽을 수 있나요? 오디오를 들으며 확인해 보세요. 35

sleep

Yes ☐ No ☐

queen

Yes ☐ No ☐

I Can Read

Swimming Is Fun!

I have swimming lessons.
It's my first day.

The water looks deep.
The ______ is too steep.
The steps are slippery.

I feel ______.
"Come on in!" the swim coach says.

I dip my ______ in the water.
I dip my feet in the water.
I go into the water.

It's not that ______!

I start swimming slowly.
Swimming is so much fun!

Self-Check

- [ ] 스토리 전체를 스스로 읽을 수 있어요.
- [ ] 배운 단어의 뜻을 잘 알아요.
- [ ] 헷갈리는 발음은 다시 들으며 확실히 익혔어요.

단어 스티커를 붙여 글을 완성하고 큰 소리로 읽어 보세요.
스토리를 다시 들으며 잘 읽었는지 확인해 보세요. 36

Review Test ❶

Words 그림을 보고 알맞은 단어에 V 표시를 하세요.

/ 10

1 

- [ ] practice
- [ ] whistle

2 

- [ ] deep
- [ ] steep

3 

- [ ] ride
- [ ] swim

4 

- [ ] drum
- [ ] basket

5 

- [ ] tap
- [ ] drive

6 

- [ ] sad
- [ ] mad

7 

- [ ] fish tank
- [ ] doghouse

8 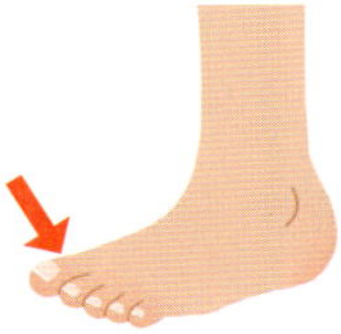

- [ ] nap
- [ ] toe

9 

- [ ] drum
- [ ] water

10 

- [ ] bake
- [ ] drive

Comprehension A 다음을 읽고 알맞은 그림에 V 표시를 하세요.

/ 6

1 tap the fish tank

2 dip my toe

3 drive a car

4 bake cakes

5 tap my drum

6 not that deep

Comprehension B 빈칸에 들어갈 알맞은 단어에 V 표시를 하세요.

/ 5

1 

I go into the ________.

☐ water ☐ basket

2 

Our cat ________ me back!

☐ taps ☐ hears

3 

I'm ________.

☐ happy ☐ mad

4 

The ________ is too steep.

☐ glass ☐ slide

5 

I tap the ________.

☐ doghouse ☐ fish tank

정답 ▶ 별책 p.40

Phonics 단어를 잘 듣고 알맞은 것에 동그라미 한 뒤, 그림과 연결하세요. 37

/ 8

1
sad
mad

2
mad
dad

3
slippery
slowly

4
house
sound

5
Jake
cake

6
fish
dish

7
feet
steep

8
slowly
slide

Unit

4

Crocodile's New Friend

STEP 1 읽기

핵심 단어를 익혀서
스토리 듣고 읽기

STEP 2 이해

읽은 내용을 점검하며
스토리 이해하기

STEP 3 확장

파닉스를 강화하여
유창하게 읽기

1 읽기
2 이해
3 확장

Key Words

A 그림을 보며 단어를 잘 들어 보세요. 38

1 악어

crocodile

2 등
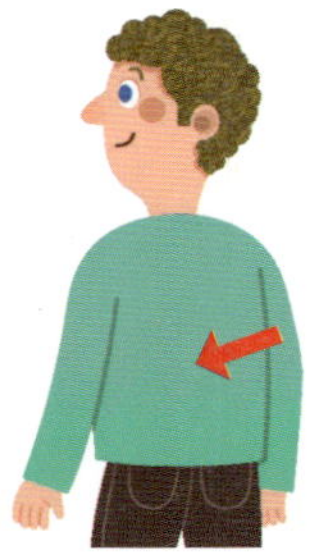
back

3 돕다

help

4 (새의) 둥지

nest

5 이, (동물의) 이빨
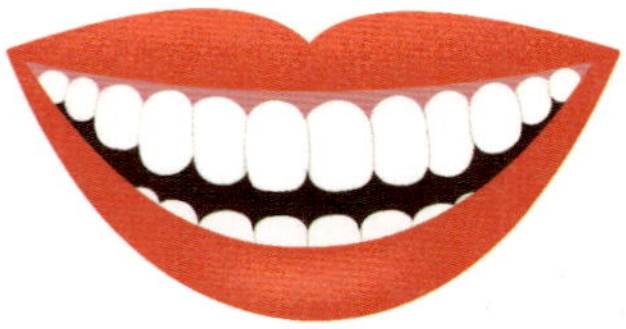
teeth

6 더러운, 지저분한
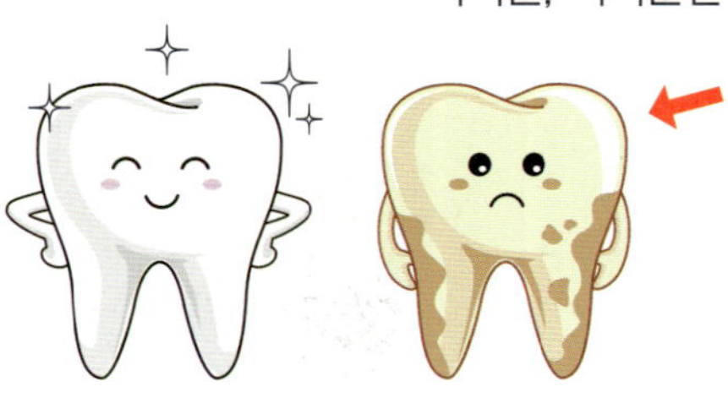
dirty

B 그림 스티커를 붙여서 액자를 완성한 다음, 단어를 따라 쓰세요.

sticker

help

sticker

back

sticker

teeth

sticker

dirty

sticker

nest

sticker

crocodile

Word Chant

단어를 하나씩 짚으며 단어챈트를 따라 말해 봐요. 39

Crocodile's New Friend

Crocodile sees a bird.
Bird is on his back!

“Go away!” says Crocodile.
But Bird does not fly away.
“I need help,” says Bird.

Bird’s wing is hurt.

“Don’t cry. I will help you,”
says Crocodile.

Crocodile says,
"Stay on my back."

"I will take you to your nest."

Bird sees Crocodile's teeth.
They look dirty.

"I will help you!"
says Bird.

Now they are happy.
They sing together.

Story Check

A 단어를 잘 듣고, 순서에 맞게 번호를 쓰세요. 43

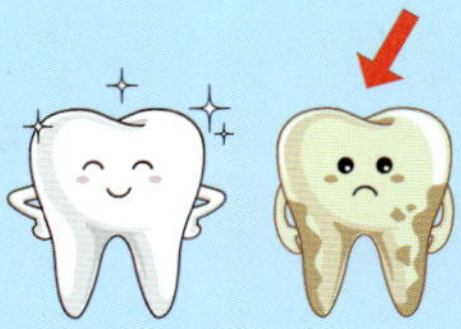

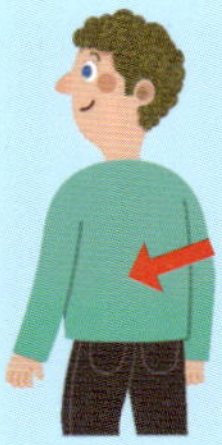

B 잘 듣고 알맞은 그림과 연결하세요. 44

1

2

3

C 빈칸에 들어갈 알맞은 말을 찾아 V 표시를 하세요.

1

Your teeth look ________.

☐ bright ☐ dirty

2

Don't ________. I'll help you.

☐ cry ☐ sing

Picture Talk

그림 장면을 보고, 질문에 알맞은 대답을 완성하세요. 45
(오디오를 들으며 답을 확인해 보세요.)

Where are we going?
(우리 어디 가는 거야?)

We're going to your ________.
(우리는 너의 ~로 가고 있어.)

________ on my back.
(내 등에 ~.)

sing stay nest back

D 다음은 누구의 말인가요? 알맞은 그림에 연결하세요.

Stay on my back. •

Go away! •

I will help you. •

• 

• 

• 

E 새는 왜 날아가지 못하나요? 알맞은 말에 V 표시를 하세요.

- My leg is hurt. ☐
- My wing is hurt. ☐

F 스토리를 다시 들으며 이야기 순서에 맞게 번호를 쓰세요. 46

Think & Say

어려움이 있을 때는 주변에 적극적으로 도움을
요청하는 것이 좋아요. 도움이 필요할 땐
Bird처럼 이렇게 말해 보세요.

I need ____________!

Phonics

A 단어를 듣고 따라 말해 보세요. 그다음, 빈곳에 알맞은 철자를 쓰세요. 47

1

wing → w

2

sing → s

3

fly → fl

4

cry → cr

5

away → aw

6

stay → st

B 같은 소리가 나는 단어끼리 모아 알맞은 곳에 쓰세요.

cry　away　wing

stay　sing　fly

-ing

-y

-ay

Challenge

새로운 단어도 스스로 읽을 수 있나요? 오디오를 들으며 확인해 보세요. 48

ring　Yes ☐ No ☐

sky　Yes ☐ No ☐

gray　Yes ☐ No ☐

I Can Read

Crocodile's New Friend

Crocodile sees a bird.
Bird is on his back!

"Go away!" says Crocodile.
But Bird does not  away.
"I need help," says Bird.

Bird's  is hurt.
"Don't cry. I will help you," says Crocodile.

Crocodile says, "Stay on my back."
"I will take you to your ."

Bird sees Crocodile's .
They look dirty.
"I will help you!" says Bird.

Now they are happy.
They sing together.

Self-Check

- ☐ 스토리 전체를 스스로 읽을 수 있어요.
- ☐ 배운 단어의 뜻을 잘 알아요.
- ☐ 헷갈리는 발음은 다시 들으며 확실히 익혔어요.

단어 스티커를 붙여 글을 완성하고 큰 소리로 읽어 보세요.
스토리를 다시 들으며 잘 읽었는지 확인해 보세요. 49

Unit

5

Toys for Pets

STEP 1 읽기
핵심 단어를 익혀서
스토리 듣고 읽기

STEP 2 이해
읽은 내용을 점검하며
스토리 이해하기

STEP 3 확장
파닉스를 강화하여
유창하게 읽기

Key Words

A 그림을 보며 단어를 잘 들어 보세요. 50

1 공

ball

2 햄스터

hamster

3 앵무새

parrot

4 그네

swing

5 점토, 찰흙

clay

6 팽이

top

B 단어를 따라 쓴 다음, 알맞은 그림을 찾아 연결하세요.

hamster

ball

parrot

swing

top

clay

Word Chant

단어를 하나씩 짚으며 단어챈트를 따라 말해 봐요. 51

Toys for Pets

ball

Pets and kids love to play.
Dogs play with balls.

Go, boy!

Hamsters play with wheels.
Round and round!
Round and round!

wheel

Parrots play with swings.
Back and forth!
Back and forth!

Kids play with clay.
Roll and pat!
Roll and pat!

Kids play with tops.
Spin and spin!
Spin and spin!

Kitty, the white cat,
plays with a yarn ball.

Story Check

A 단어를 잘 듣고, 순서에 맞게 번호를 쓰세요. 55

B 잘 듣고 알맞은 그림과 연결하세요. 56

1

2

3

C 빈칸에 들어갈 알맞은 말을 찾아 V 표시를 하세요.

1

_________s play with swings.

☐ Parrot ☐ Kid

2

Kids play with _________s.

☐ ball ☐ top

Picture Talk

그림 장면을 보고, 질문에 알맞은 대답을 완성하세요. 57
(오디오를 들으며 답을 확인해 보세요.)

What are they doing?
(이들은 뭘 하고 있니?)

The cat is playing with a
__________ ball. (고양이는 ~을 가지고 놀고 있어요.)

The girl is knitting a
__________. (여자아이는 ~을 뜨고 있어요.)

soccer yarn bag sweater

*knit (실로) 뜨다, 짜다

D 반려동물은 어떤 장난감을 좋아하나요? 사다리를 타고 내려와 번호를 쓰고, 문장을 완성하세요.

 Parrots play with ________________ s.

 Dogs play with ________________ s.

E 스토리를 다시 들으며 이야기 순서에 맞게 번호를 쓰세요. 58

Think & Say

동물들도 장난감을 가지고 놀고, 아이들도 다양한 장난감으로 놀아요. 여러분은 어떤 장난감을 가지고 노나요? 문장을 완성해 보세요.

I play with _______________.

Phonics

A 단어를 듣고 따라 말해 보세요. 그다음, 빈곳에 알맞은 철자를 쓰세요. 59

1

play → pl / ___

2

clay → cl / ___

3

wheel → ___ / eel

4

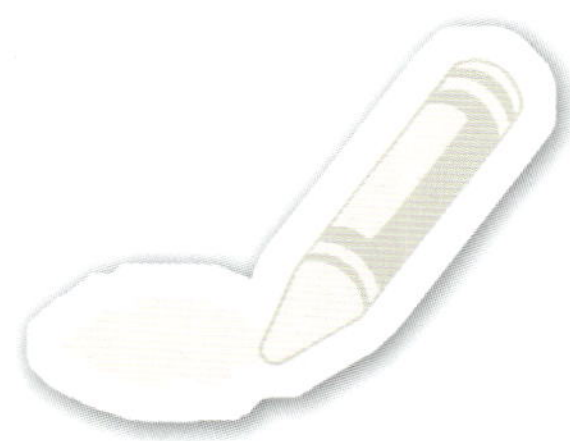

white → ___ / ite

5

swing → ___ / ing

6

sweater → ___ / eater

B 같은 소리가 나는 단어끼리 모아 알맞은 곳에 쓰세요.

wheel | clay | swing | play | sweater | white

sw-

wh-

-ay

Challenge 새로운 단어도 스스로 읽을 수 있나요? 오디오를 들으며 확인해 보세요. 60

swan — Yes ☐ No ☐

whale — Yes ☐ No ☐

tray — Yes ☐ No ☐

I Can Read

Toys for Pets

Pets and kids love to play.
Dogs play with  .
"Go, boy!"

Hamsters play with wheels.
Round and round!

 play with swings.
Back and forth!

Kids play with  .
Roll and pat!

Kids play with tops.
Spin and spin!

Kitty, the white cat, plays with a  ball.
"Oh, no! It's for my sweater."

Self-Check

- ☐ 스토리 전체를 스스로 읽을 수 있어요.
- ☐ 배운 단어의 뜻을 잘 알아요.
- ☐ 헷갈리는 발음은 다시 들으며 확실히 익혔어요.

단어 스티커를 붙여 글을 완성하고 큰 소리로 읽어 보세요.
스토리를 다시 들으며 잘 읽었는지 확인해 보세요. 61

Unit

6

The Wind and the Sun

STEP 1 읽기
핵심 단어를 익혀서
스토리 듣고 읽기

STEP 2 이해
읽은 내용을 점검하며
스토리 이해하기

STEP 3 확장
파닉스를 강화하여
유창하게 읽기

Key Words

A 그림을 보며 단어를 잘 들어 보세요. 62

1

튼튼한, 강한

strong

2

해, 태양

sun

3

재킷

jacket

4

(옷 등을) 벗다

take off

5

(바람이) 불다

blow

6

빛나다

shine

B 그림 스티커를 붙여서 액자를 완성한 다음, 단어를 따라 쓰세요.

sun

strong

shine

take off

blow

jacket

Word Chant

단어를 하나씩 짚으며 단어챈트를 따라 말해 봐요. 63

☐ 1 들으며 내용을 훑어보아요. 64 ☐ 2 문장을 짚으며 잘 들어요. 65 ☐ 3 한 줄씩 따라 읽어요. 66

The Wind and the Sun

"I am strong," says the Sun.

"I am stronger than you," says the Wind.

A man walks by a pond.
Who can make him take off his jacket?

The Wind blows hard.

The man holds his jacket tight.

The Wind blows harder.

But he holds his jacket tighter.

The Sun shines gently.
The Sun shines warmly.

"It's too hot. I need a fan," says the man.
Finally, he takes off his jacket.

Story Check

A 단어를 잘 듣고, 순서에 맞게 번호를 쓰세요. 67

B 잘 듣고 알맞은 그림과 연결하세요. 68

1

2

3

C 빈칸에 들어갈 알맞은 말을 찾아 V 표시를 하세요.

1

I am ________ than you.

☐ bigger ☐ stronger

2

The Sun shines ________.

☐ tight ☐ gently

Picture Talk

그림 장면을 보고, 알맞은 단어에 동그라미 하세요. 69
(오디오를 들으며 답을 확인해 보세요.)

The man feels too (cold / hot).
그 남자는 너무 ~하다고 느껴요.

The (Sun / Wind) makes the man take off his jacket.
~은 그 남자가 재킷을 벗게 만들어요.

The Wind looks (happy / unhappy). 바람은 ~해 보여요.

*unhappy 기분이 나쁜

D 해와 바람은 서로 자신이 더 힘이 세다고 해요. 결과는 어떠했나요?
알맞은 그림 스티커를 붙이고 문장을 완성하세요.

The Sun

shines gently.

shines warmly.

sticker

The Wind

blows hard.

blows harder.

sticker

Who is stronger?

The ______________ is stronger than the ______________ .

E 스토리를 다시 들으며 이야기 순서에 맞게 번호를 쓰세요. 70

Think & Say

해가 쨍쨍! 날씨가 너무 더워지자 남자는
부채(fan)가 필요하다고 했어요.
더운 날씨에 여러분은 무엇이 필요한가요?

I need ____________.

Phonics

A 단어를 듣고 따라 말해 보세요. 그다음, 빈곳에 알맞은 철자를 쓰세요. 71

1

man → m ____

2

fan → f ____

3

wind → wi ____

4

pond → po ____

5

show → sh ____

6

blow → bl ____

B 같은 소리가 나는 단어끼리 모아 알맞은 곳에 쓰세요.

blow man wind

fan pond show

-nd

-ow

-an

Challenge 새로운 단어도 스스로 읽을 수 있나요? 오디오를 들으며 확인해 보세요. 72

pan Yes ☐ No ☐

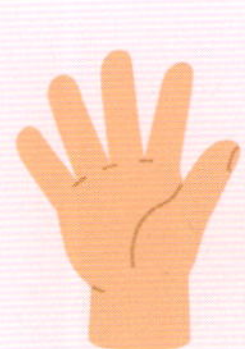

hand Yes ☐ No ☐

slow Yes ☐ No ☐

I Can Read

The Wind and the Sun

"I am strong," says the Sun.
"I am stronger than you," says the Wind.

A man walks by a .
Who can make him take off his jacket?

"Let me show my power!"
The Wind blows hard.
The man holds his  tight.

The  blows harder.
But he holds his jacket tighter.

"Now it's my turn."
The  shines gently.
The Sun shines warmly.

"It's too hot. I need a ,"
says the man.
Finally, he takes off his jacket.

Self-Check

- [ ] 스토리 전체를 스스로 읽을 수 있어요.
- [ ] 배운 단어의 뜻을 잘 알아요.
- [ ] 헷갈리는 발음은 다시 들으며 확실히 익혔어요.

단어 스티커를 붙여 글을 완성하고 큰 소리로 읽어 보세요.
스토리를 다시 들으며 잘 읽었는지 확인해 보세요. 73

Review Test 2

Unit 4~6

Words 그림을 보고 알맞은 단어에 V 표시를 하세요.

/ 10

1 

- ☐ help
- ☐ blow

2 

- ☐ sweater
- ☐ jacket

3 

- ☐ hamster
- ☐ parrot

4 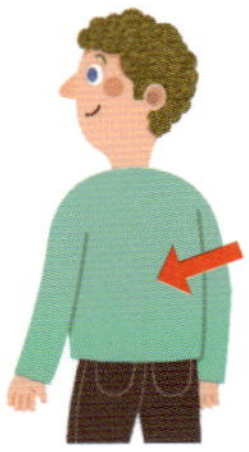

- ☐ back
- ☐ forth

5 

- ☐ funny
- ☐ strong

6 

- ☐ swing
- ☐ top

7 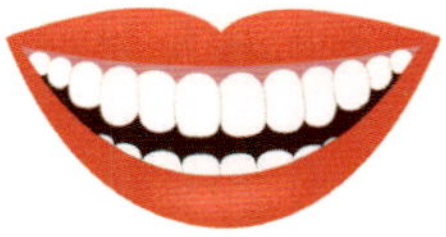

- ☐ teeth
- ☐ toe

8 

- ☐ clay
- ☐ nest

9 

- ☐ top
- ☐ clay

10 

- ☐ shine
- ☐ blow

Comprehension A 다음을 읽고 알맞은 그림에 V 표시를 하세요.

/ 6

1 play with tops

2 walk by a pond

3 on its back

4 take off the jacket

5 sing together

6 play with wheels

Comprehension B 빈칸에 들어갈 알맞은 단어에 V 표시를 하세요.

/ 5

1 

The Wind ________ harder.

☐ shines ☐ blows

2 

Dogs play with ________.

☐ balls ☐ swings

3 

Crocodile's teeth look ________.

☐ clean ☐ dirty

4 

"I am ________ than you," says the Wind.

☐ stronger ☐ taller

5 

"I will take you to your ________."

☐ wheel ☐ nest

정답 ▶ 별책 p.40

Phonics 단어를 잘 듣고 알맞은 것에 동그라미 한 뒤, 그림과 연결하세요. 74

/ 8

1 sweater / swing

2 play / clay

3 fan / man

4 away / stay

5 blow / show

6 fly / cry

7 white / wheel

8 wing / sing

GREAT

저자 C2 Archive (대표 Olene Kim)

지난 20여 년간 영어라는 언어를 어린이들이 어려움 없이 단계적으로 습득해갈 수 있도록 효과적인 교수법을 연구하여 다양한 교재로 구현해 온 영어교육 전문 집필진입니다. 파닉스, 리딩, 코스북, 문법 등 여러 분야의 ELT 교재와 영어 단행본 학습서를 집필·개발하였습니다.

저자 기적학습연구소

"혼자서 작은 산을 넘는 아이가 나중에 큰 산도 넘습니다." 본 연구소는 아이들이 혼자서 큰 산까지 넘을 수 있는 힘을 키워주고자 합니다. 아이들의 연령에 맞게 학습의 산을 작게 만들어 혼자서도 쉽게 넘을 수 있게 만듭니다. 때로는 작은 고난도 경험하게 하여 성취감도 맛보게 합니다. 그리고 아이들에게 실제로 적용해서 검증을 통해 차근차근 책을 만듭니다.

기적의 영어리딩 Level 1C

Miracle Series – Reading English

초판 1쇄 인쇄 • 2025년 11월 15일

지은이 • C2 Archive, 기적학습연구소

발행인 • 이종원
발행처 • (주)길벗스쿨
출판사 등록일 • 2025년 5월 28일 | **주소** • 서울시 마포구 월드컵로 10길 56(서교동) | **대표 전화** • 02)332-0931 | **팩스** • 02)323-0586
홈페이지 • www.gilbutschool.co.kr | **이메일** • gilbut@gilbut.co.kr

담당편집 • 이경희(natura@gilbut.co.kr), 최주연, 김예지, 유서현 | **기획** • 이경희, 김남희, 박민혜 | **영문 감수** • Ryan P. Lagace | **디자인** • 이현숙 | **제작** • 손일순
영업마케팅 • 문세연, 박선경, 구혜지, 박다슬 | **웹마케팅** • 박달님, 이재윤, 이지수, 나혜연 | **영업관리** • 정경화 | **독자지원** • 윤정아
전산편집 • 연디자인 | **삽화** • 주민정, 김경주, 백정석, 유정연, 박소현, 김보경 | **인쇄** • 영림인쇄 | **제본** • 영림제본 | **녹음** • 아람 멀티미디어

Photo Credits
해당 이미지는 Shutterstock.com의 라이선스 하에 사용되었습니다.
p.80 (alexei_tm) p.81 (FabrikaSimf, Pixel-Shot) p.82 (Veronika Surovtseva) p.83 (Oksana Kuzmina, Ground Picture, New Africa)
p.84 (Pavel Kobysh) p.85 (Oleg Opryshko)

ISBN 979-11-7467-046-5 64740 (길벗 도서번호 30613)
정가 17,000원

제 품 명 : 기적의 영어리딩 1C
제조사명 : 길벗스쿨
제조국명 : 대한민국
전화번호 : 02-332-0931
주 소 : 서울시 마포구 월드컵로 10길 56 (서교동)
제조년월 : 판권에 별도 표기
사용연령 : **8세 이상**
KC마크는 이 제품이 공통안전기준에 적합하였음을 의미합니다.

기적 영어 학습서

기본이 탄탄! 실전에서 척척!
유초등 필수 영어능력을 길러주는 코어 학습서

유아 영어

재미있는 액티비티가 가득한
4~6세를 위한 영어 워크북

4세 이상

5세 이상

6세 이상

6세 이상

파닉스 완성 프로그램

알파벳 음가 → 사이트워드
→ 읽기 연습까지!
리딩을 위한 탄탄한 기초 만들기

6세 이상 전 3권

1~3학년

1~3학년 전 3권

영어 단어

영어 실력의 가장 큰 바탕은 어휘력!
교과과정 필수 어휘 익히기

3학년 이상 전 2권

1~2학년 전 2권

3~4학년 전 2권

5~6학년 전 2권

영어 리딩

패턴 문장 리딩으로 시작해
정확한 해석을 위한 끊어 읽기까지!
탄탄한 독해 실력 쌓기

2~3학년 전 3권

3~4학년 전 3권

4~5학년 전 2권

5~6학년 전 2권

5~6학년 전 2권

영어 라이팅

저학년은 패턴 영작으로,
고학년은 5형식 문장 만들기 연습으로
튼튼한 영작 실력 완성

2학년 이상 전 4권

4학년 이상 전 5권

5학년 이상 전 2권

6학년 이상

영어일기

한 줄 쓰기부터 생활일기,
주제일기까지!
영어 글쓰기 실력을 키우는 시리즈

3학년 이상

4~5학년

5~6학년

영문법

중학 영어 대비, 영어 구사
정확성을 키워주는 영문법 학습

4~5학년 전 2권

5~6학년 전 3권

6학년 이상

초등 필수 영어 무작정 따라하기

초등 시기에 놓쳐서는 안 될 필수 학습은 바로 영어 교과서!
영어 교과서 5종의 핵심 내용을 쏙쏙 뽑아 한 권으로 압축 정리했습니다.
초등 과정의 필수학습으로 기초를 다져서 중학교 및 상위 학습의 단단한 토대가 되게 합니다.

1~2학년

2~3학년

2~3학년

3학년 이상

4학년 이상

미국교과서 리딩

문제의 차이가 영어 실력의 차이! 논픽션 리딩에 강해지는 《미국교과서 READING》
논픽션 리딩에 가장 좋은 재료인 미국 교과과정의 주제를 담은 지문을 읽고, 독해력과
문제 해결력을 두루 향상시킬 수 있도록 구성한 단계별 리딩 프로그램

LEVEL 1

준비 단계

LEVEL 2

시작 단계

LEVEL 3

정독 연습 단계

LEVEL 4

독해 정확성 향상 단계

LEVEL 5

독해 통합심화 단계

1C

리딩 첫 시작
AR 0.5~1.0

기적의 영어리딩 with 파닉스

Practice Book

(정답과 해석 포함)

길벗스쿨

기적의 영어리딩 1C

Practice Book

(정답과 해석 포함)

• 단어를 세 번씩 따라 쓰며 뜻과 철자를 익혀 보세요.

1

basket 바구니

2

doghouse 개집

3

drum 북, 드럼

4

fish tank 어항

5

nap 낮잠

6

tap 톡톡 두드리다, 톡톡 치는 소리

• 빈칸에 알맞은 단어를 써넣어 문장을 완성하세요.

1 I ______ my drum.
나는 북을 두드려요.

2 I tap the ______ .
나는 접시를 두드려요.

3 I tap the ______ .
나는 어항을 두드려요.

4 Our dog is taking a ______ .
우리 개가 낮잠을 자고 있어요.

5 I tap the ______ .
나는 바구니를 두드려요.

6 What's that ______ ?
무슨 소리지?

7 Our ______ jumps out.
우리 고양이가 뛰어 나와요.

tap
nap
sound
cat
fish tank
dish
basket

Unit 1

Tap, Tap, Surprise!

Listening

• 잘 듣고 알맞은 단어에 동그라미 하세요.

P1.mp3

I am a little drummer.
I (nap / tap) my drum.
It makes an exciting sound.

I love tapping things.
I tap the (drum / table). *Tap, tap!*

I tap the (wash / dish). *Clink, clink!*
I tap the glass. *Clink, clink!*

I tap the (fish / dog) tank. *Tap, tap!*
Our dog is taking a nap.
I tap the doghouse. *Thud, thud!*

I tap the basket. *Meow, Meow!*
Huh? What's that (house / sound)?

Our (dog / cat) jumps out.
She taps me back!

- 같은 소리를 가진 단어들끼리 모아 아래 표에 쓰세요.

tap nap mouse

fish house wash

dish sound map

-ou-	-ap	-sh

The Little Whistler

Word

• 단어를 세 번씩 따라 쓰며 뜻과 철자를 익혀 보세요.

1 

bake (빵 등을) 굽다

2 

drive 운전하다

3 

mad 몹시 화가 난

4 

mom 엄마

5 

practice 연습하다

6 

whistle 휘파람을 불다

Sentence

• 빈칸에 알맞은 단어를 써넣어 문장을 완성하세요.

1. Mom likes to ______ cakes.
엄마는 케이크 굽는 걸 좋아해요.

2. She ______ s while baking.
엄마는 케이크를 굽는 동안 휘파람을 불어요.

3. Dad whistles while ______ a car.
아빠는 운전할 때 휘파람을 불어요.

4. I ______ and practice.
나는 연습하고 또 연습해요.

5. I'm ______ .
나는 몹시 화가 나요.

6. Did you ______ me?
내 소리 들었어요?

7. I ______ all grown-up.
나는 다 큰 기분이에요.

driving
whistle
practice
hear
feel
bake
mad

Unit 2 The Little Whistler

Listening

• 잘 듣고 알맞은 단어에 동그라미 하세요.

P2.mp3

Mom likes to (take / bake) cakes.
She whistles while baking.
But I can't.

Dad whistles while driving a (car / bike).
But I can't.
I'm (mad / sad).

Can Jake whistle?
Of course he (can't / can).
Jake whistles while riding a bike.

I practice and practice.
But I can't whistle.
I'm (sad / mad).

Oh! I just did it!
Did you hear me?

Now I can whistle.
I (feel / think) all grown-up.

• 같은 소리를 가진 단어들끼리 모아 아래 표에 쓰세요.

lake　cake　mad

Jake　dad

bake　bad　sad

-ake	-ad

Unit 3 Swimming Is Fun!

Word

• 단어를 세 번씩 따라 쓰며 뜻과 철자를 익혀 보세요.

1 

deep 깊은

2 

dip 살짝 담그다, 적시다

3 

slide 미끄럼틀

4 

swim 수영하다

5 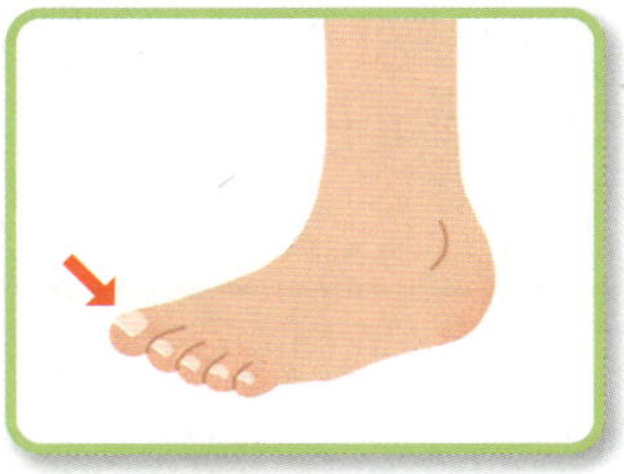

toe 발가락

6 

water 물

• 빈칸에 알맞은 단어를 써넣어 문장을 완성하세요.

1. The [ ] looks deep.
   물이 깊어 보여요.

2. The [ ] is too steep.
   미끄럼틀은 너무 가팔라요.

3. The steps are [ ].
   계단은 미끄러워요.

4. I feel [ ].
   나는 무서워요.

5. I [ ] my feet in the water.
   나는 발을 물에 담가요.

6. It's not that [ ]!
   그렇게 깊진 않아요!

7. I start swimming [ ].
   나는 천천히 수영을 시작해요.

scared
deep
slide
dip
slowly
slippery
water

Unit 3 Swimming Is Fun! Listening

• 잘 듣고 알맞은 단어에 동그라미 하세요.

P3.mp3

I have (swim / swimming) lessons.
It's my first day.

The water looks deep.
The slide is too (steep / deep).
The steps are (slippery / slow).

I feel (scary / scared).
"Come on in!" the swim coach says.

I dip my toe in the water.
I dip my (toe / feet) in the water.
I go into the water.

It's not that (feet / deep)!

I start swimming (slowly / fast).
Swimming is so much fun!

• 같은 소리를 가진 단어들끼리 모아 아래 표에 쓰세요.

slowly slide steep

feet deep

slippery sleep queen

sl-

-ee-

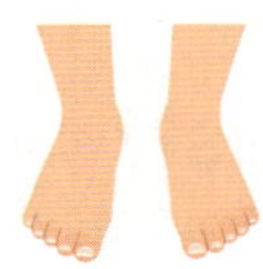

Unit 4 Crocodile's New Friend Word

• 단어를 세 번씩 따라 쓰며 뜻과 철자를 익혀 보세요.

1 

back 등

2 

crocodile 악어

3 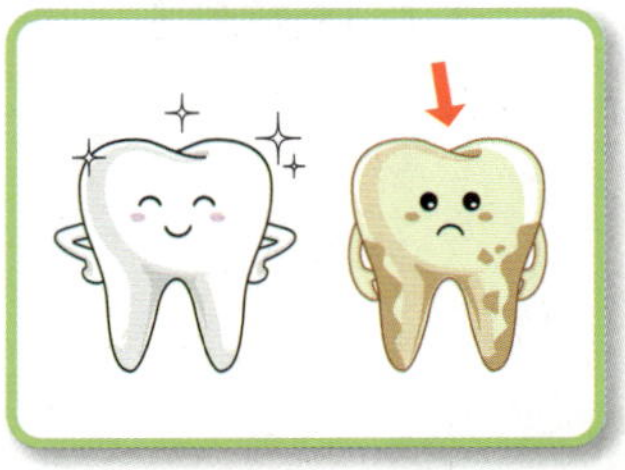

dirty 더러운, 지저분한

4 

help 돕다

5 

nest (새의) 둥지

6 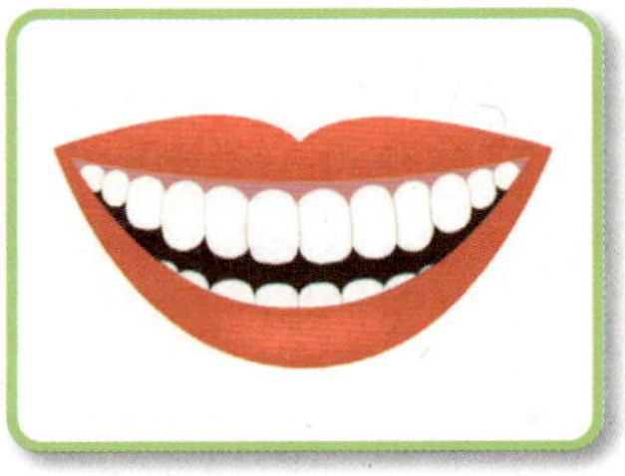

teeth 이, (동물의) 이빨

• 빈칸에 알맞은 단어를 써넣어 문장을 완성하세요.

1. ________ sees a bird.
   악어가 새를 봐요.

2. Bird is on his ________ !
   새가 악어의 등에 있어요!

3. But Bird does not ________ away.
   하지만 새는 날아가지 않아요.

4. "Don't cry. I will ________ you," says Crocodile.
   "울지마. 내가 너를 도와줄게." 악어가 말해요.

5. "I will take you to your ________ ."
   "내가 너를 둥지까지 데려다 줄게."

6. Bird sees Crocodile's ________ .
   새가 악어의 이빨을 봐요.

7. They ________ together.
   그들은 함께 노래해요.

help
Crocodile
nest
back
teeth
sing
fly

Unit 4 Crocodile's New Friend Listening

• 잘 듣고 알맞은 단어에 동그라미 하세요.

P4.mp3

Crocodile sees a bird.
Bird is on his (back / tail)!

"Go away!" says Crocodile.
But Bird does not (fly / go) away.
"I need help," says Bird.

Bird's (leg / wing) is hurt.
"Don't cry. I will help you,"
says Crocodile.

Crocodile says,
"(Away / Stay) on my back."
"I will take you to your nest."

Bird sees Crocodile's (tooth / teeth).
They look dirty.
"I will help you!" says Bird.

Now they are happy.
They sing together.

● 같은 소리를 가진 단어들끼리 모아 아래 표에 쓰세요.

ring　sky　cry

stay　away　sing

gray　wing　fly

-ing	

-y	

-ay	

Toys for Pets

Word

• 단어를 세 번씩 따라 쓰며 뜻과 철자를 익혀 보세요.

1 

ball 공

2 

clay 점토, 찰흙

3 

hamster 햄스터

4 

parrot 앵무새

5 

swing 그네

6 

top 팽이

• 빈칸에 알맞은 단어를 써넣어 문장을 완성하세요.

1. Dogs [ ] with balls.
   강아지들은 공으로 놀아요.

2. [ ]s play with wheels.
   햄스터들은 바퀴로 놀아요.

3. Parrots play with [ ]s.
   앵무새들은 그네를 타고 놀아요.

4. Kids play with [ ].
   아이들은 찰흙으로 놀아요.

5. Roll and [ ]!
   굴리고 톡톡 두드려요!

6. Kids play with [ ]s.
   아이들은 팽이로 놀아요.

7. It's for my [ ].
   그건 내 스웨터를 위한 거야.

swing
sweater
top
play
pat
hamster
clay

Toys for Pets

Listening

• 잘 듣고 알맞은 단어에 동그라미 하세요.

P5.mp3

Pets and kids love to play.
(Cats / Dogs) play with balls.
"Go, boy!"

Hamsters play with (wheels / whales).
Round and round!

Parrots play with (see-saws / swings).
Back and forth!

Kids play with (tray / clay).
Roll and pat!

Kids play with (tops / pops).
Spin and spin!

Kitty, the (black / white) cat,
plays with a yarn ball.
"Oh, no! It's for my (scarf / sweater)."

● 같은 소리를 가진 단어들끼리 모아 아래 표에 쓰세요.

play swan wheel

swing tray clay

sweater white whale

sw-	wh-	-ay

• 단어를 세 번씩 따라 쓰며 뜻과 철자를 익혀 보세요.

1

blow (바람이) 불다

2

jacket 재킷

3

shine 빛나다

4

strong 튼튼한, 강한

5

sun 해, 태양

6

take off (옷 등을) 벗다

Sentence

• 빈칸에 알맞은 단어를 써넣어 문장을 완성하세요.

1. "I am ______," says the Sun.
   "나는 강해." 해가 말해요.

2. Who can make him ______ his jacket?
   남자가 재킷을 벗게 할 수 있는 건 누구일까요?

3. The Wind ______s hard.
   바람이 세게 불어요.

4. The Sun shines ______.
   해가 부드럽게 빛나요.

5. The Sun shines ______.
   해가 따뜻하게 빛나요.

6. "I need a ______," says the man.
   "나는 부채가 필요해." 남자가 말해요.

7. Finally, he takes off his ______.
   마침내, 그는 재킷을 벗어요.

blow
strong
gently
jacket
take off
fan
warmly

Unit 6 The Wind and the Sun Listening

• 잘 듣고 알맞은 단어에 동그라미 하세요.

P6.mp3

"I am strong," says the Sun.
"I am (stronger / strong) than you," says the Wind.

A man walks by a (pond / bond).
Who can make him take off his jacket?

"Let me show my power!"
The Wind blows hard.
The man (takes / holds) his jacket tight.

The Wind blows harder.
But he holds his jacket (tight / tighter).

"Now it's my turn."
The Sun shines (gentle / gently).
The sun shines warmly.

"It's too hot. I need a (fan / pan)," says the man.
Finally, he takes off his jacket.

- 같은 소리를 가진 단어들끼리 모아 아래 표에 쓰세요.

wind　　blow　　fan

pan　　pond　　slow

show　　man　　hand

-nd	-an	-ow

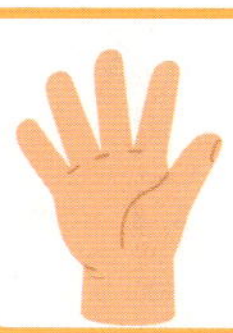		

Practice Book 정답

Unit 1

p.3

Sentence

• 빈칸에 알맞은 단어를 써넣어 문장을 완성하세요.

1. I tap my drum.
2. I tap the dish.
3. I tap the fish tank.
4. Our dog is taking a nap.
5. I tap the basket.
6. What's that sound?
7. Our cat jumps out.

tap / nap / sound / cat / fish tank / dish / basket

Unit 1 3

p.4

Unit 1 Tap, Tap, Surprise! Listening

• 잘 듣고 알맞은 단어에 동그라미 하세요.

I am a little drummer.
I (nap / tap) my drum. — tap
It makes an exciting sound.

I love tapping things.
I tap the (drum / table). Tap, tap! — table

I tap the (wash / dish). Clink, clink! — dish
I tap the glass. Clink, clink!

I tap the (fish / dog) tank. Tap, tap! — fish
Our dog is taking a nap.
I tap the doghouse. Thud, thud!

I tap the basket. Meow, Meow!
Huh? What's that (house / sound)? — sound

Our (dog / cat) jumps out. — cat
She taps me back!

4

p.5

Phonics

• 같은 소리를 가진 단어들끼리 모아 아래 표에 쓰세요.

tap, nap, mouse, fish, house, wash, dish, sound, map

-ou-	-ap	-sh
house	nap	dish
sound	tap	fish
mouse	map	wash

Unit 1 5

Unit 2

p.7

Sentence

• 빈칸에 알맞은 단어를 써넣어 문장을 완성하세요.

1. Mom likes to bake cakes.
2. She whistles while baking.
3. Dad whistles while driving a car.
4. I practice and practice.
5. I'm mad.
6. Did you hear me?
7. I feel all grown-up.

driving / whistle / practice / hear / feel / bake / mad

Unit 2 7

p.8

Unit 2 The Little Whistler Listening

• 잘 듣고 알맞은 단어에 동그라미 하세요.

Mom likes to (take / bake) cakes. — bake
She whistles while baking.
But I can't.

Dad whistles while driving a (car / bike). — car
But I can't.
I'm (mad / sad). — sad

Can Jake whistle?
Of course he (can't / can). — can
Jake whistles while riding a bike.

I practice and practice.
But I can't whistle.
I'm (sad / mad). — mad

Oh! I just did it!
Did you hear me?

Now I can whistle.
I (feel / think) all grown-up. — feel

8

p.9

Phonics

• 같은 소리를 가진 단어들끼리 모아 아래 표에 쓰세요.

lake, cake, mad, Jake, dad, bake, bad, sad

-ake	-ad
Jake	sad
bake	mad
cake	dad
lake	bad

Unit 2 9

Unit 3

p.11

Sentence

• 빈칸에 알맞은 단어를 써넣어 문장을 완성하세요.

1. The water looks deep.
2. The slide is too steep.
3. The steps are slippery.
4. I feel scared.
5. I dip my feet in the water.
6. It's not that deep!
7. I start swimming slowly.

scared / deep / slide / dip / slowly / slippery / water

Unit 3 11

p.12

Unit 3 Swimming Is Fun! Listening

• 잘 듣고 알맞은 단어에 동그라미 하세요.

I have (swim / swimming) lessons. — swimming
It's my first day.

The water looks deep.
The slide is too (steep / deep). — steep
The steps are (slippery / slow). — slippery

I feel (scary / scared). — scared
"Come on in!" the swim coach says.

I dip my toe in the water.
I dip my (toe / feet) in the water. — feet
I go into the water.

It's not that (feet / deep)! — deep

I start swimming (slowly / fast). — slowly
Swimming is so much fun!

12

p.13

Phonics

• 같은 소리를 가진 단어들끼리 모아 아래 표에 쓰세요.

slowly, slide, steep, feet, deep, slippery, sleep, queen

sl-	-ee-
slippery	deep
slowly	feet
slide	steep
sleep	queen

Unit 3 13

Unit 4

p.15 Sentence

• 빈칸에 알맞은 단어를 써넣어 문장을 완성하세요.

1. **Crocodile** sees a bird.
2. Bird is on his **back**!
3. But Bird does not **fly** away.
4. "Don't cry. I will **help** you," says Crocodile.
5. "I will take you to your **nest**."
6. Bird sees Crocodile's **teeth**.
7. They **sing** together.

help / Crocodile / nest / back / teeth / sing / fly

p.16 Crocodile's New Friend — Listening

• 잘 듣고 알맞은 단어에 동그라미 하세요.

Crocodile sees a bird.
Bird is on his (back / tail)! — **back**

"Go away!" says Crocodile.
But Bird does not (fly / go) away. — **fly**
"I need help," says Bird.

Bird's (leg / wing) is hurt. — **wing**
"Don't cry. I will help you," says Crocodile.

Crocodile says,
"(Away / Stay) on my back. — **Stay**
I will take you to your nest."

Bird sees Crocodile's (tooth / teeth). — **teeth**
They look dirty.
"I will help you!" says Bird.

Now they are happy.
They sing together.

p.17 Phonics

• 같은 소리를 가진 단어들끼리 모아 아래 표에 쓰세요.

ring, sky, cry, stay, away, sing, gray, wing, fly

-ing	-y	-ay
sing	cry	away
wing	fly	stay
ring	sky	gray

Unit 5

p.19 Sentence

• 빈칸에 알맞은 단어를 써넣어 문장을 완성하세요.

1. Dogs **play** with balls.
2. **Hamster**s play with wheels.
3. Parrots play with **swing**s.
4. Kids play with **clay**.
5. Roll and **pat**!
6. Kids play with **top**s.
7. It's for my **sweater**.

swing / sweater / top / play / pat / hamster / clay

p.20 Toys for Pets — Listening

• 잘 듣고 알맞은 단어에 동그라미 하세요.

Pets and kids love to play.
(Cats / Dogs) play with balls. — **Dogs**
"Go, boy!"

Hamsters play with (wheels / whales). — **wheels**
Round and round!

Parrots play with (see-saws / swings). — **swings**
Back and forth!

Kids play with (tray / clay). — **clay**
Roll and pat!

Kids play with (tops / pops). — **tops**
Spin and spin!

Kitty, the (black / white) cat, — **white**
plays with a yarn ball.
"Oh, no! It's for my (scarf / sweater)." — **sweater**

p.21 Phonics

• 같은 소리를 가진 단어들끼리 모아 아래 표에 쓰세요.

play, swan, wheel, swing, tray, clay, sweater, white, whale

sw-	wh-	-ay
sweater	wheel	play
swing	white	clay
swan	whale	tray

Unit 6

p.23 Sentence

• 빈칸에 알맞은 단어를 써넣어 문장을 완성하세요.

1. "I am **strong**," says the Sun.
2. Who can make him **take off** his jacket?
3. The Wind **blow**s hard.
4. The Sun shines **gently**.
5. The Sun shines **warmly**.
6. "I need a **fan**," says the man.
7. Finally, he takes off his **jacket**.

blow / strong / gently / jacket / take off / fan / warmly

p.24 The Wind and the Sun — Listening

• 잘 듣고 알맞은 단어에 동그라미 하세요.

"I am strong," says the Sun.
"I am (stronger / strong) than you," says the Wind. — **stronger**

A man walks by a (pond / bond). — **pond**
Who can make him take off his jacket?

"Let me show my power!"
The Wind blows hard.
The man (takes / holds) his jacket tight. — **holds**

The Wind blows harder.
But he holds his jacket (tight / tighter). — **tighter**

"Now it's my turn."
The Sun shines (gentle / gently). — **gently**
The sun shines warmly.

"It's too hot. I need a (fan / pan)," says the man. — **fan**
Finally, he takes off his jacket.

p.25 Phonics

• 같은 소리를 가진 단어들끼리 모아 아래 표에 쓰세요.

wind, blow, fan, pan, pond, slow, show, man, hand

-nd	-an	-ow
pond	man	blow
wind	fan	show
hand	pan	slow

Story Reading

p.14

나는 꼬마 드러머예요.
나는 북을 두드려요.
북은 신나는 소리를 내요.

p.15

나는 물건을 두드리는 걸 아주 좋아해요.
나는 탁자를 두드려요. *탁, 탁!*

p.16

나는 접시를 두드려요. *챙, 챙!*
나는 잔을 두드려요. *챙, 챙!*

p.17

나는 어항을 두드려요. *탁, 탁!*
우리 개가 낮잠을 자고 있어요.
나는 개집을 두드려요. *쿵, 쿵!*

Tip clink: (얇은 금속・유리 등의) 땡그랑, 챙
thud: (무거운 물건이 부딪치는 소리) 쿵, 퍽

p.18

나는 바구니를 두드려요. *야옹, 야옹!*
어라? 무슨 소리지?

p.19

우리 고양이가 뛰어 나와요.
고양이가 나를 두드려요!

Story Words

little 어린, 작은	drum 북, 드럼	exciting 신나는	table 탁자
glass 유리잔	fish tank 어항	doghouse 개집	basket 바구니

Phonics Words

-ou-	sound 소리	house 집	mouse 생쥐
-ap	tap 톡톡 두드리다, 톡톡 치는 소리	nap 낮잠	map 지도
-sh	dish 접시	fish 물고기	wash 씻다

Answers

p.13

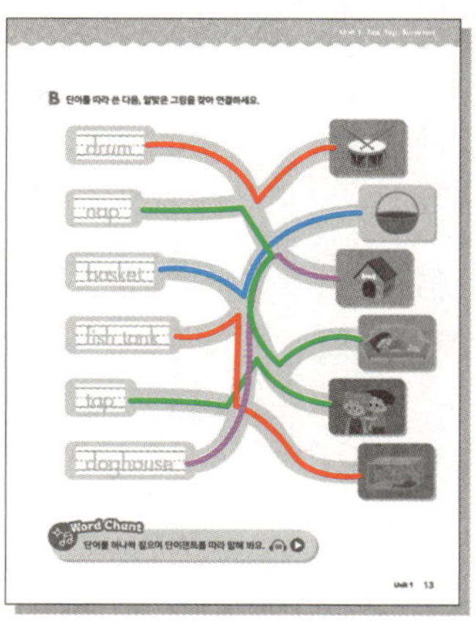

p.20

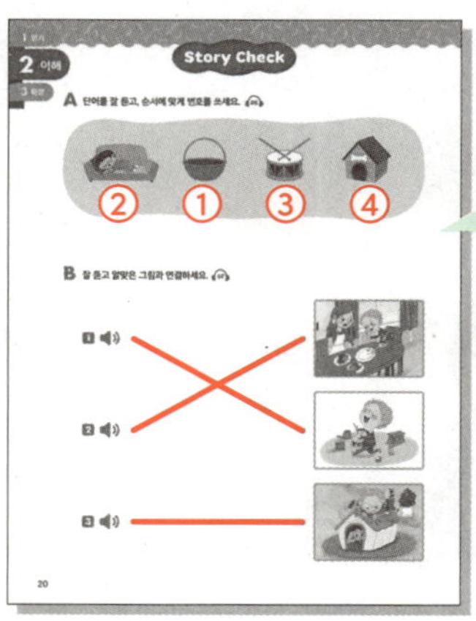

script

A

1. basket 2. nap
3. drum 4. doghouse

B

1. I tap my drum.
2. I tap the dish.
Clink, clink!
3. I tap the doghouse.
Thud, thud!

p.21

p.22

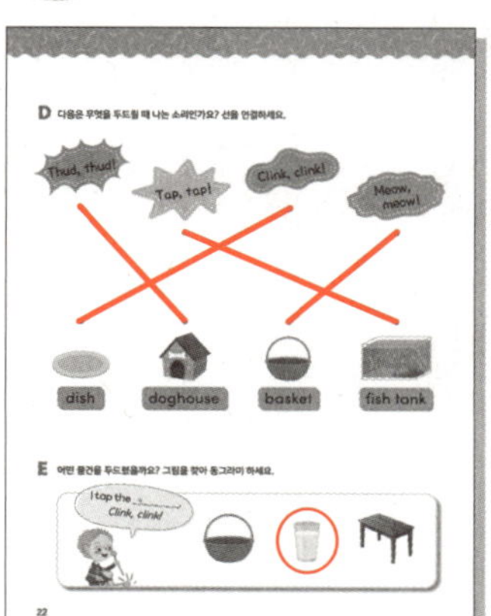

p.23

p.24

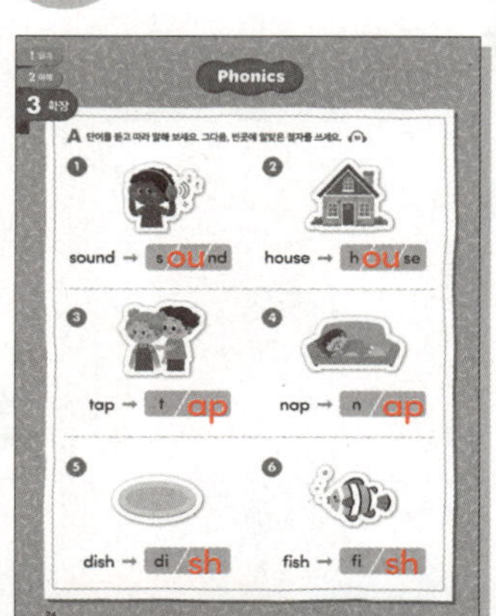

p.25

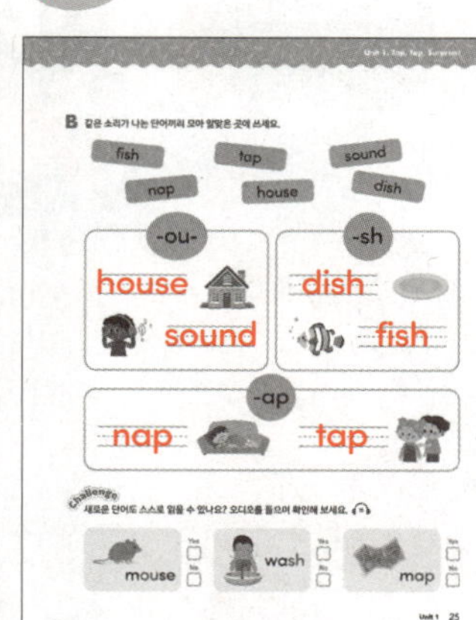

Unit 2 The Little Whistler 휘파람 부는 아이

Story Reading

p.30

엄마는 케이크 굽는 걸 좋아해요.
엄마는 케이크를 굽는 동안 휘파람을 불어요.
하지만 나는 못 불어요.

p.31

아빠는 운전할 때 휘파람을 불어요.
하지만 나는 못 불어요.
나는 속상해요.

p.32

제이크는 휘파람을 불 수 있나요?
물론 그는 할 수 있어요.
제이크는 자전거를 타면서 휘파람을 불어요.

p.33

나는 연습하고 또 연습해요.
하지만 나는 휘파람을 못 불어요.
나는 몹시 화가 나요.

p.34

어! 내가 방금 했어요!
내 소리 들었어요?

p.35

이제 나는 휘파람을 불 수 있어요.
나는 다 큰 기분이에요.

Tip grown-up: 장성한, 성인이 된

Story Words

mom 엄마	whistle 휘파람을 불다	while ~하는 동안	drive 운전하다
ride (자전거 등을) 타다	practice 연습하다	hear 듣다	feel 느끼다

Phonics Words

-ake	Jake 제이크(남자 이름)	bake (빵 등을) 굽다	cake 케이크	lake 호수
-ad	sad 슬픈	mad 몹시 화가 난	dad 아빠	bad 나쁜

Answers

p.29

p.36

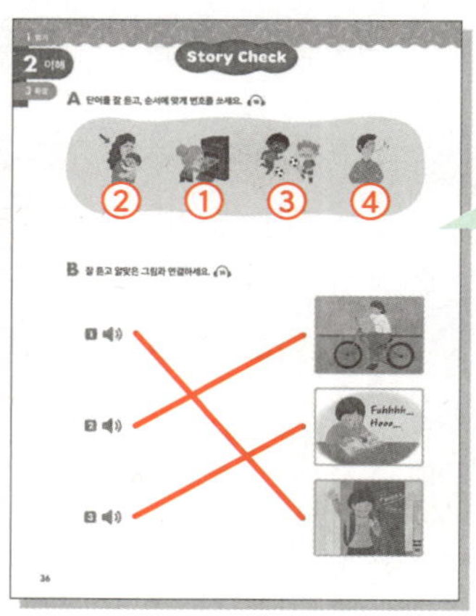

script

A

1. bake 2. mom
3. practice 4. whistle

B

1. Now I can whistle.
2. Jake whistles while riding a bike.
3. I practice and practice.

p.37

p.38

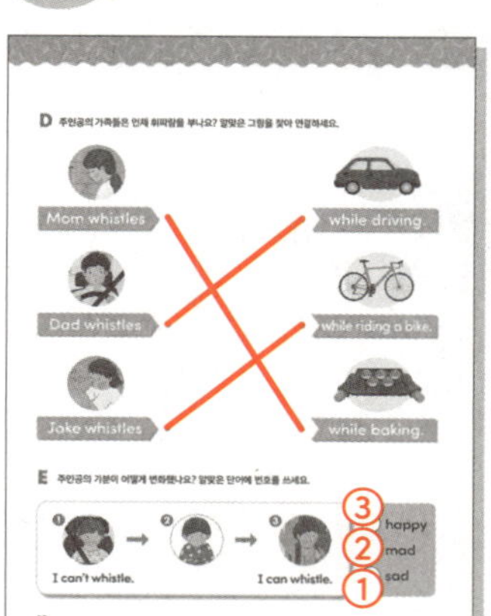

p.39

p.40

p.41

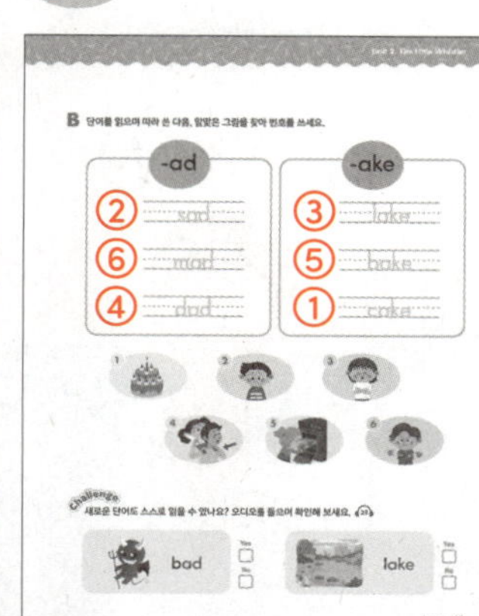

Unit 3 Swimming Is Fun! 수영은 재미있어!

Story Reading

p.46

나는 수영 수업이 있어요.
오늘이 첫날이에요.

p.47

물이 깊어 보여요.
미끄럼틀은 너무 가팔라요.
계단은 미끄러워요.

Tip swimming: 수영하기

p.48

나는 무서워요.
"어서 들어오렴!" 수영 선생님이 말해요.

p.49

나는 발가락을 물에 담가요.
나는 발을 물에 담가요.
나는 물속에 들어가요.

p.50

그렇게 깊지 않아요!

p.51

나는 천천히 수영을 시작해요.
수영하는 건 정말 재미있어요!

Story Words

swim 수영하다	water 물	deep 깊은	step 계단
scared 무서워하는, 겁먹은	dip 살짝 담그다, 적시다	toe 발가락	start 시작하다

Phonics Words

sl-	slide 미끄럼틀	slippery 미끄러운	slowly 느리게, 천천히	sleep (잠을) 자다
-ee-	deep 깊은	steep 가파른	feet 두 발	queen 여왕

Answers

p.45

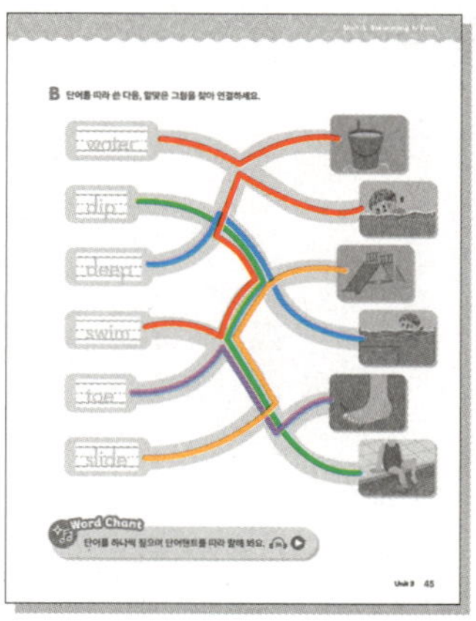

p.52

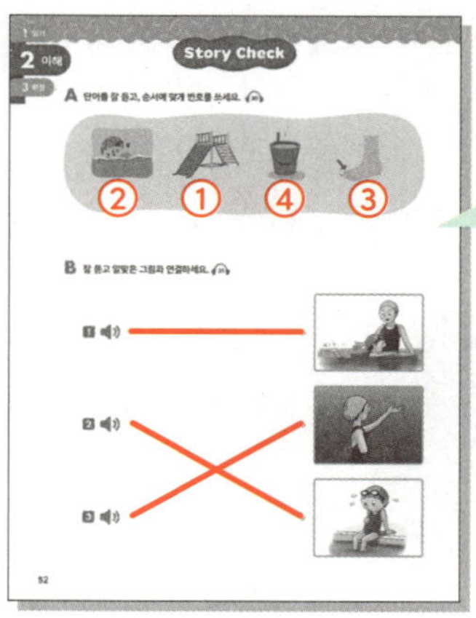

script

A
1. slide 2. swim
3. toe 4. water

B
1. I start swimming slowly.
2. I dip my feet in the water.
3. "Come on in!" the swim coach says.

p.53

p.54

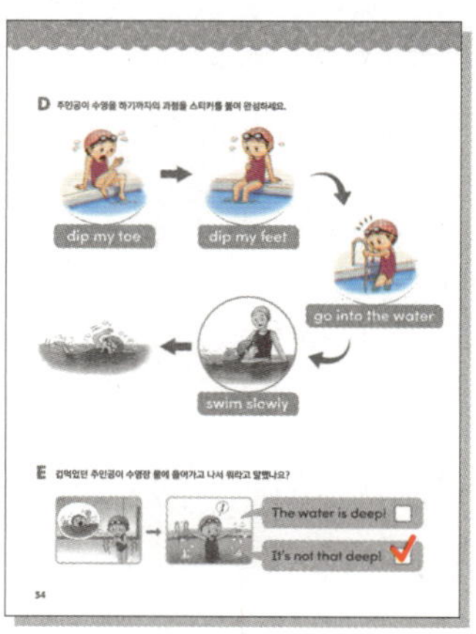

p.55

p.56

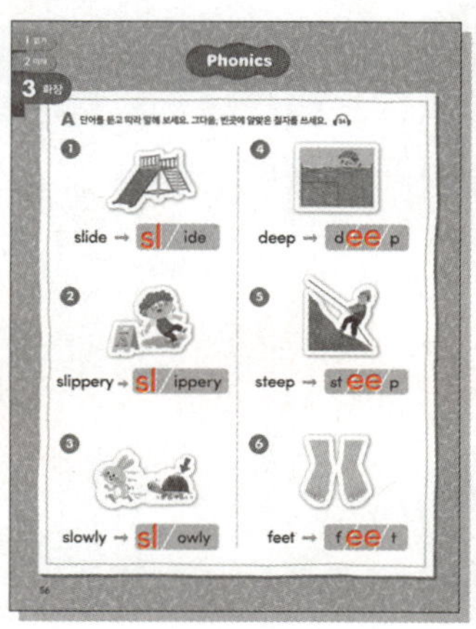

p.57

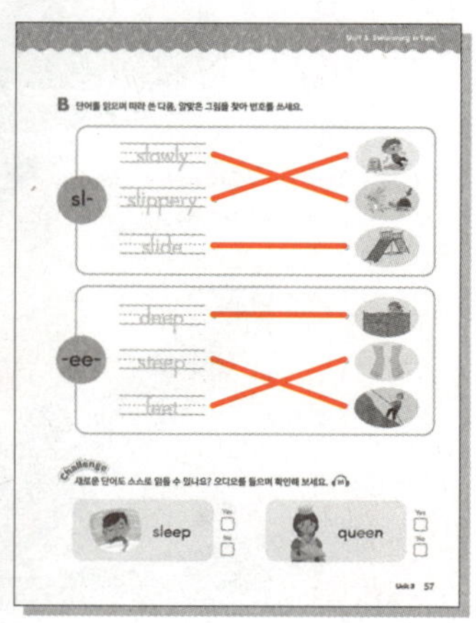

Unit 4

Crocodile's New Friend 악어의 새 친구

Story Reading

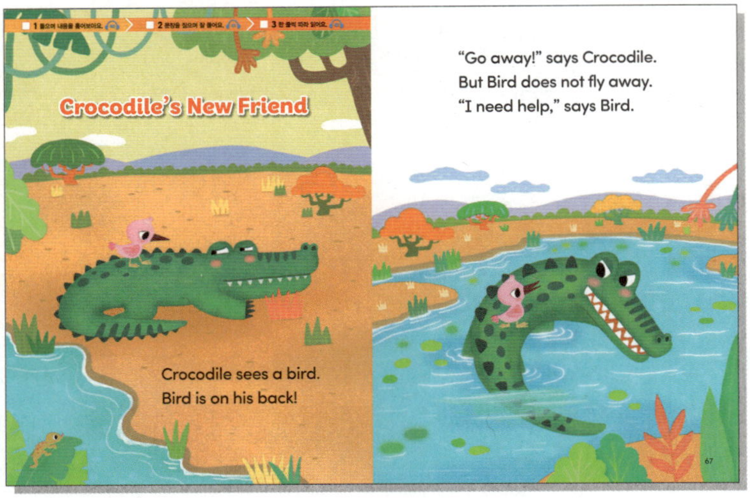

p.66

악어가 새 한 마리를 봐요.
새가 악어의 등에 있어요!

p.67

"저리 가!" 악어가 말해요.
하지만 새는 날아가지 않아요.
"나는 도움이 필요해요." 새가 말해요.

p.68

새의 날개가 다쳤어요.
"울지 마. 내가 너를 도와줄게."
악어가 말해요.

p.69

악어가 말해요.
"내 등에 있어."
"네 둥지로 데려다줄게."

p.70

새가 악어의 이빨을 봐요.
이빨이 더러워 보여요.
"내가 도와줄게요!" 새가 말해요.

p.71

이제 둘은 행복해요.
그들은 함께 노래해요.

Story Words

crocodile 악어	bird 새	back 등	help 돕다
hurt 다친, 아프다	nest (새의) 둥지	teeth 이, (동물의) 이빨	dirty 더러운, 지저분한

Phonics Words

-ing	wing (새의) 날개	sing 노래하다	ring 반지
-y	fly (새·곤충이) 날다	cry 울다	sky 하늘
-ay	away 멀어져, 다른 데로	stay 머무르다, 그대로 있다	gray 회색, 회색의

Answers

p.65

p.72

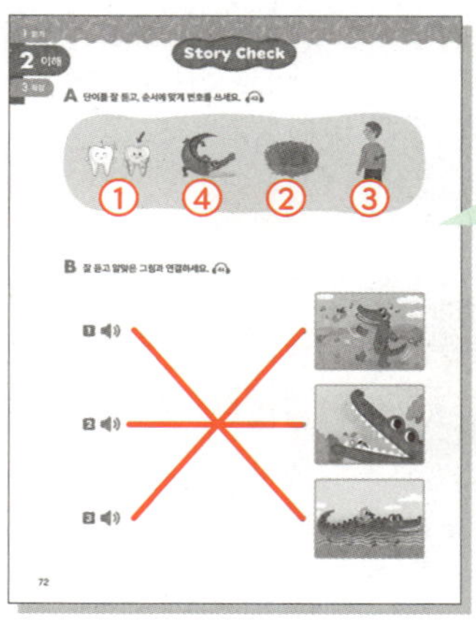

script

A
1. dirty
2. nest
3. back
4. crocodile

B
1. "Stay on my back."
2. "I will help you!" says Bird.
3. They sing together.

p.73

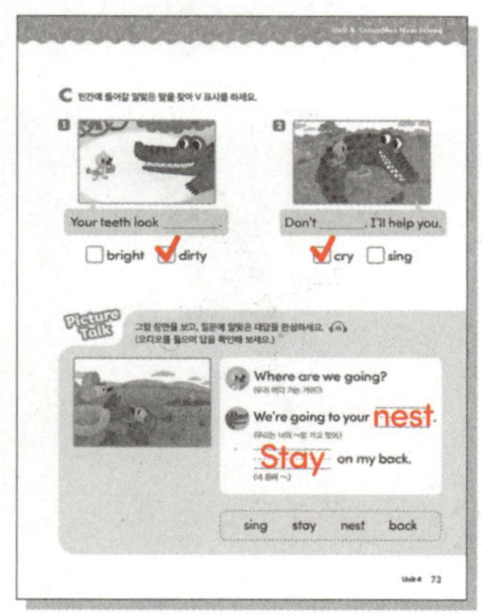

p.74

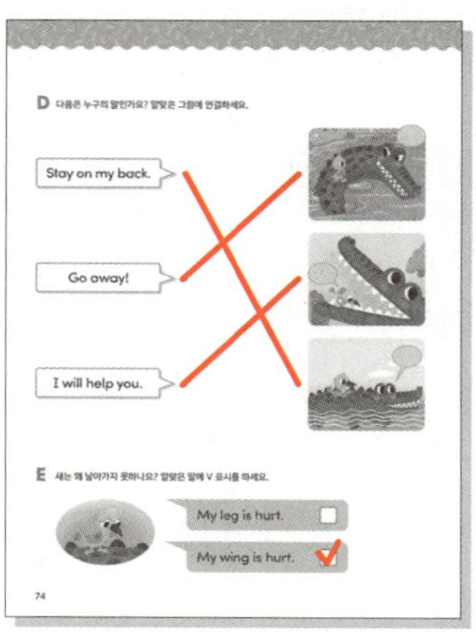

p.75

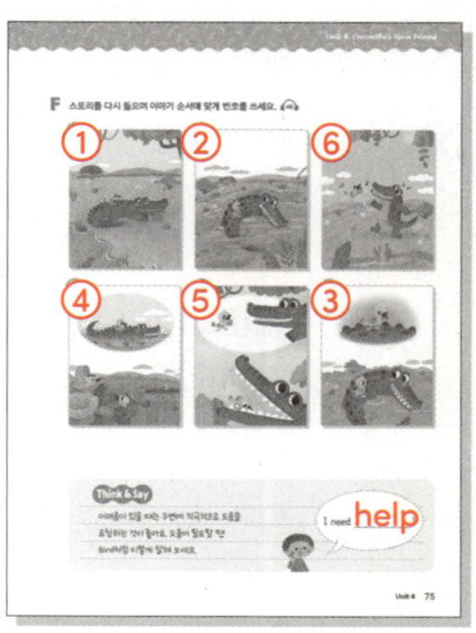

p.76

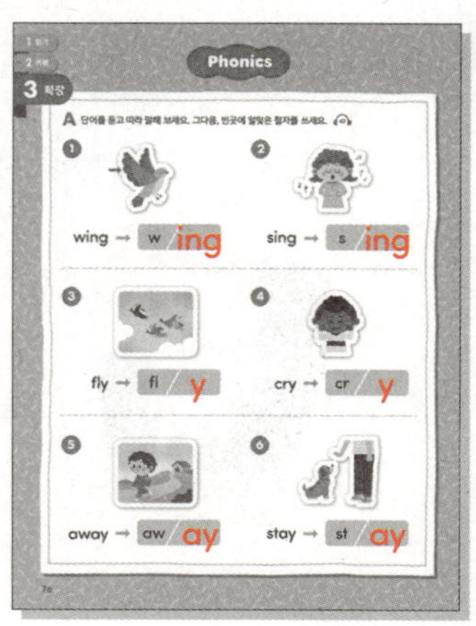

p.77

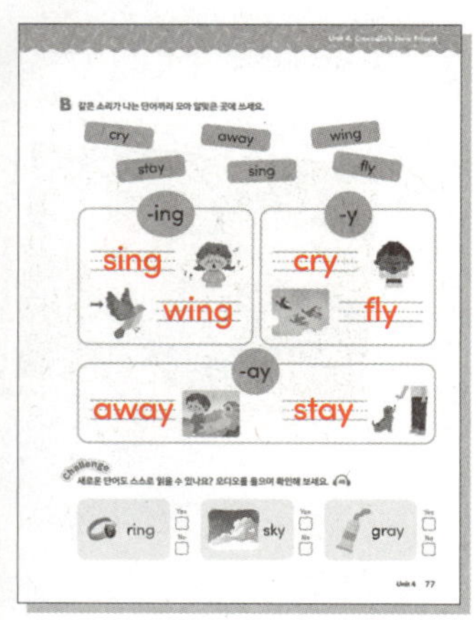

Story Reading

p.82

반려동물들과 아이들은 노는 걸 아주 좋아해요.
개들은 공을 가지고 놀아요.
"가라, 얘야!"

p.83

햄스터들은 바퀴를 가지고 놀아요.
빙글빙글!
빙글빙글!

p.84

앵무새들은 그네를 타고 놀아요.
뒤로 앞으로!
뒤로 앞으로!

p.85

아이들은 찰흙을 가지고 놀아요.
굴리고 톡톡 두드려요!
굴리고 톡톡 두드려요!

p.86

아이들은 팽이를 가지고 놀아요.
돌리고 또 돌려요!
돌리고 또 돌려요!

p.87

하얀 고양이 키티는 털실 뭉치를 가지고 놀아요.
"오, 안돼!
그건 내 스웨터를 위한 거야."

Story Words

ball 공	hamster 햄스터	parrot 앵무새	forth 앞으로
roll 굴리다	pat 톡톡 두드리다	top 팽이	yarn 털실

Phonics Words

-ay	play 놀다	clay 점토, 찰흙	tray 쟁반
wh-	wheel 바퀴	white 흰색, 흰색의	whale 고래
sw-	swing 그네	sweater 스웨터	swan 백조

Answers

p.81

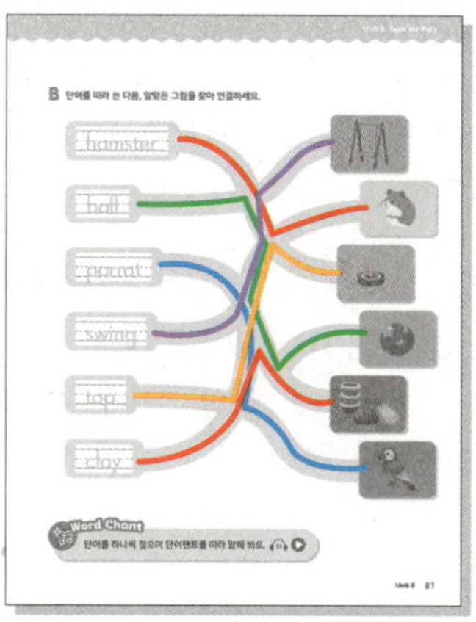

p.88

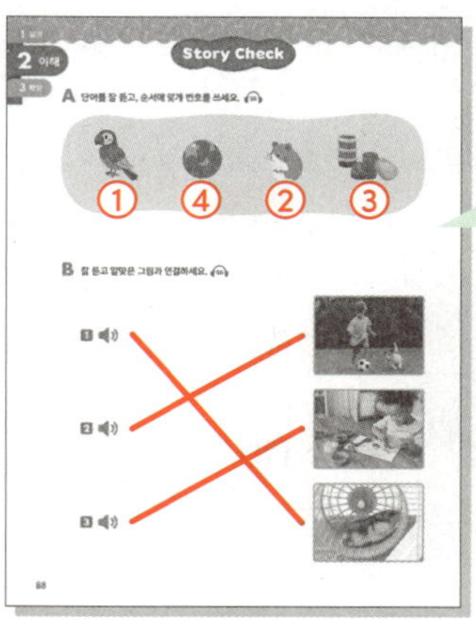

script

A

1. parrot 2. hamster
3. clay 4. ball

B

1. Hamsters play with wheels.
2. Dogs play with balls.
3. Kids play with clay.

p.89

p.90

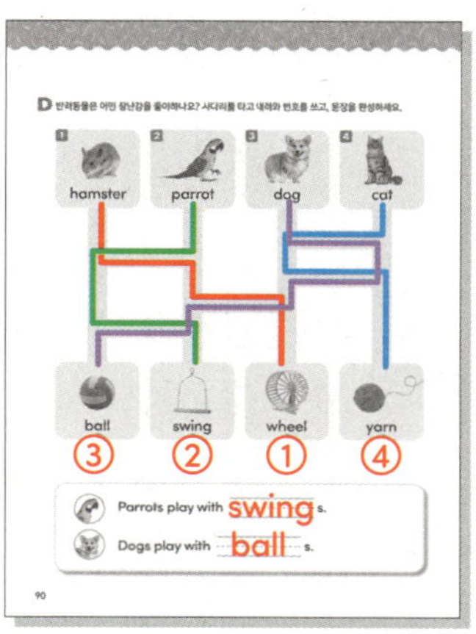

p.91

p.92

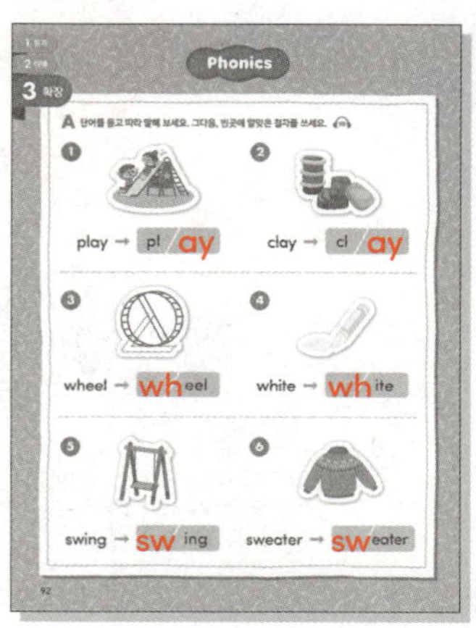

p.93

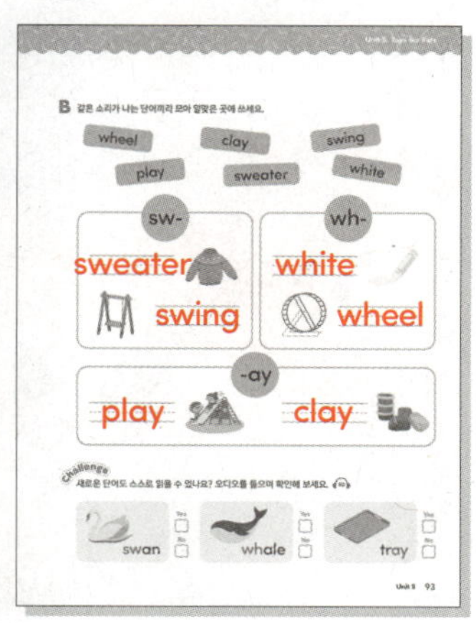

The Wind and the Sun 바람과 해

Story Reading

p.98

“나는 강해.” 해가 말해요.
“나는 너보다 더 강해.” 바람이 말해요.

p.99

한 남자가 연못 옆을 걸어가요.
남자가 재킷을 벗게 할 수 있는 건 누구일까요?

Tip stronger than ~: ~보다 더 강한

p.100

“내 힘을 보여주마!”
바람이 세게 불어요.
남자가 재킷을 꼭 붙잡아요.

p.101

바람이 더 세게 불어요.
하지만 남자는 재킷을 더 단단히 붙잡아요.

Tip hard(세게) – harder(더 세게)
tight(단단히) – tighter(더 단단히)

p.102

“이제 내 차례야.”
해가 부드럽게 빛나요.
해는 따뜻하게 빛나요.

p.103

“너무 덥다. 부채가 필요해.” 남자가 말해요.
마침내, 그는 재킷을 벗어요.

Tip my turn은 ‘내 차례’라는 말이에요. my 대신 your을 넣으면 your turn, ‘네 차례’라는 말이 돼요.

Story Words

strong 튼튼한, 강한	walk 걷다	jacket 재킷	take off (옷 등을) 벗다
hard 세게	hold (손으로) 잡다	shine 빛나다	gently 부드럽게

Phonics Words

-an	man (성인) 남자	fan 부채	pan (손잡이가 달린 얇은) 냄비
-nd	wind 바람	pond 연못	hand 손
-ow	show 보여주다	blow (바람이)불다	slow 느린

Answers

p.97

p.104

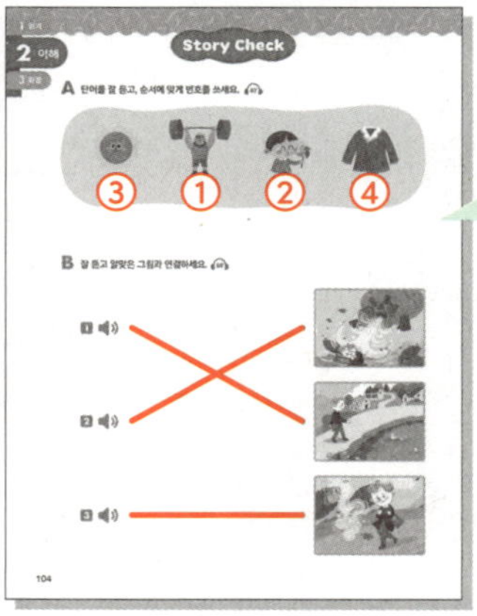

script

A

1. strong 2. blow
3. sun 4. jacket

B

1. A man walks by a pond.
2. The Wind blows harder.
3. The man holds his jacket tight.

p.105

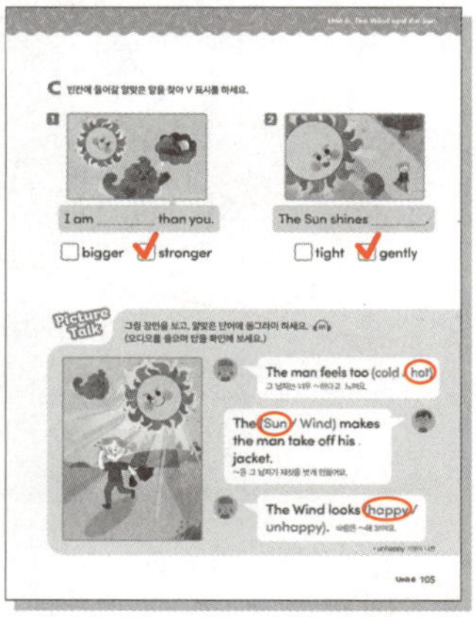

p.106

p.107

p.108

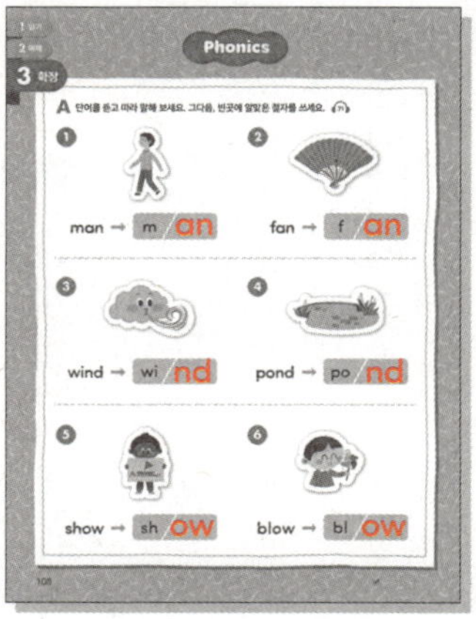

p.109

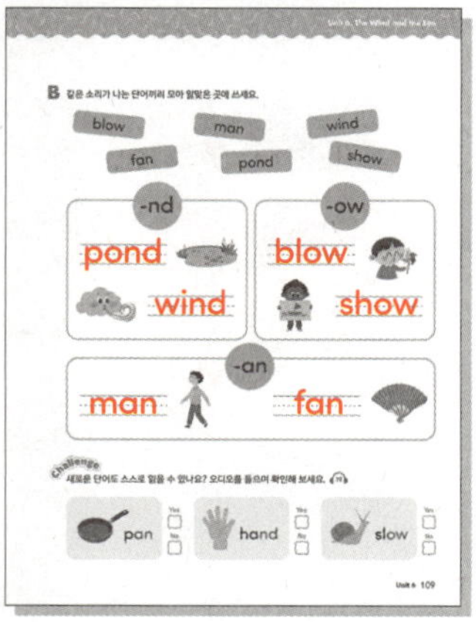

Review Test 정답

p.59

Review Test ❶ Unit 1~3

Words 그림을 보고 알맞은 단어에 V 표시를 하세요. / 10

1 ✔ practice ☐ whistle
2 ✔ deep ☐ steep
3 ☐ ride ✔ swim
4 ✔ drum ☐ basket
5 ✔ tap ☐ drive
6 ☐ sad ✔ mad
7 ✔ fish tank ☐ doghouse
8 ☐ nap ✔ toe
9 ☐ drum ✔ water
10 ✔ bake ☐ drive

Review Test❶ 59

p.60

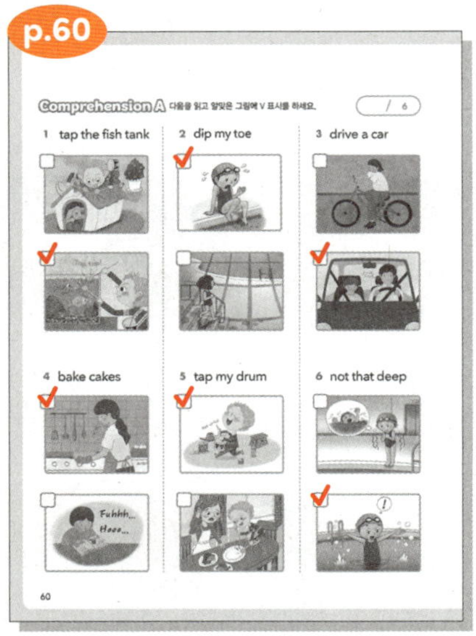

Comprehension A 다음을 읽고 알맞은 그림에 V 표시를 하세요. / 6

1 tap the fish tank (bottom picture ✔)
2 dip my toe (top picture ✔)
3 drive a car (bottom picture ✔)
4 bake cakes (top picture ✔)
5 tap my drum (top picture ✔)
6 not that deep (bottom picture ✔)

60

p.61

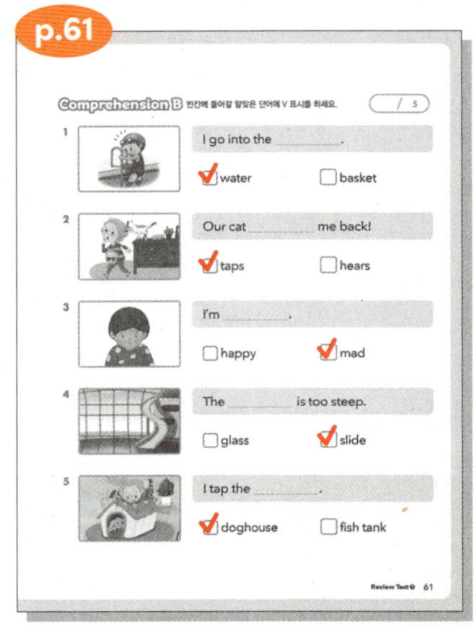

Comprehension B 빈칸에 들어갈 알맞은 단어에 V 표시를 하세요. / 5

1 I go into the ________. ✔ water ☐ basket
2 Our cat ________ me back! ✔ taps ☐ hears
3 I'm ________. ☐ happy ✔ mad
4 The ________ is too steep. ☐ glass ✔ slide
5 I tap the ________. ✔ doghouse ☐ fish tank

Review Test❶ 61

p.62

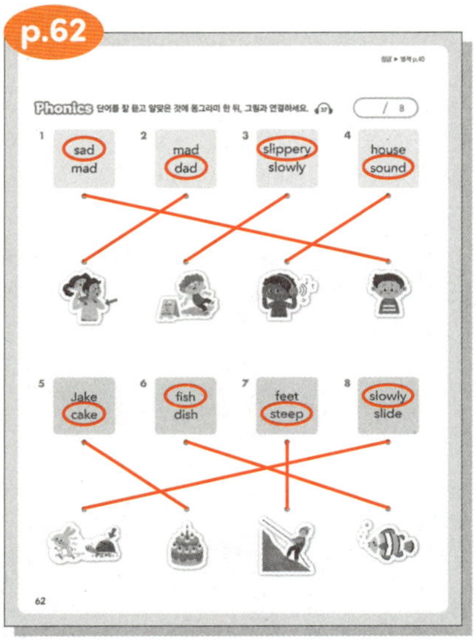

Phonics 단어를 잘 듣고 알맞은 것에 동그라미 한 뒤, 그림과 연결하세요. / 8

1 (sad) mad
2 mad (dad)
3 (slippery) slowly
4 house (sound)
5 Jake (cake)
6 (fish) dish
7 feet (steep)
8 (slowly) slide

62

p.111

Review Test ❷ Unit 4~6

Words 그림을 보고 알맞은 단어에 V 표시를 하세요. / 10

1 ✔ help ☐ blow
2 ☐ sweater ✔ jacket
3 ☐ hamster ✔ parrot
4 ✔ back ☐ forth
5 ☐ funny ✔ strong
6 ✔ swing ☐ top
7 ✔ teeth ☐ toe
8 ☐ clay ✔ nest
9 ☐ top ✔ clay
10 ✔ shine ☐ blow

Review Test❷ 111

p.112

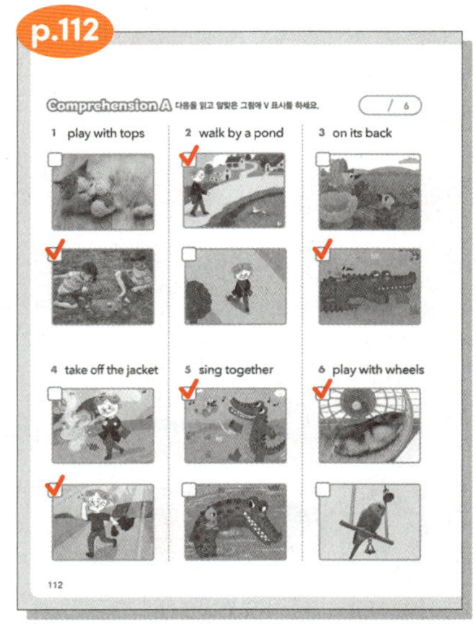

Comprehension A 다음을 읽고 알맞은 그림에 V 표시를 하세요. / 6

1 play with tops (bottom picture ✔)
2 walk by a pond (top picture ✔)
3 on its back (bottom picture ✔)
4 take off the jacket (bottom picture ✔)
5 sing together (top picture ✔)
6 play with wheels (top picture ✔)

112

p.113

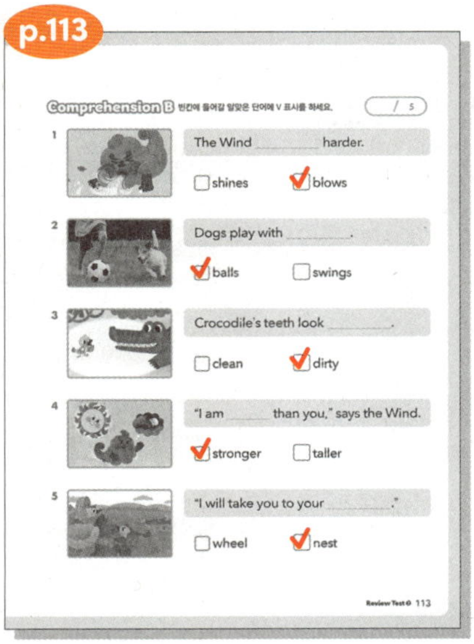

Comprehension B 빈칸에 들어갈 알맞은 단어에 V 표시를 하세요. / 5

1 The Wind ________ harder. ☐ shines ✔ blows
2 Dogs play with ________. ✔ balls ☐ swings
3 Crocodile's teeth look ________. ☐ clean ✔ dirty
4 "I am ________ than you," says the Wind. ✔ stronger ☐ taller
5 "I will take you to your ________." ☐ wheel ✔ nest

Review Test❷ 113

p.114

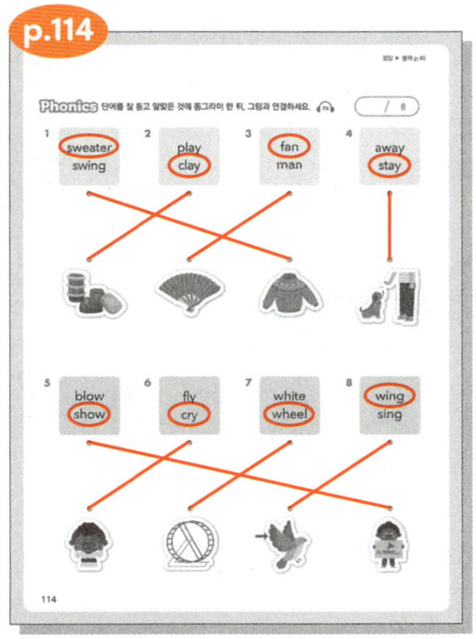

Phonics 단어를 잘 듣고 알맞은 것에 동그라미 한 뒤, 그림과 연결하세요. / 8

1 (sweater) swing
2 play (clay)
3 (fan) man
4 away (stay)
5 blow (show)
6 fly (cry)
7 white (wheel)
8 (wing) sing

114

"방법이 다르면 결과가 달라집니다"

리딩 실력을 껑충 키우는

기적만의 3-Step 완전학습

기적의 영어리딩

* 전문가가 설계한 6단계 리딩 프로그램으로 빈틈없는 영어 문해력 완성!

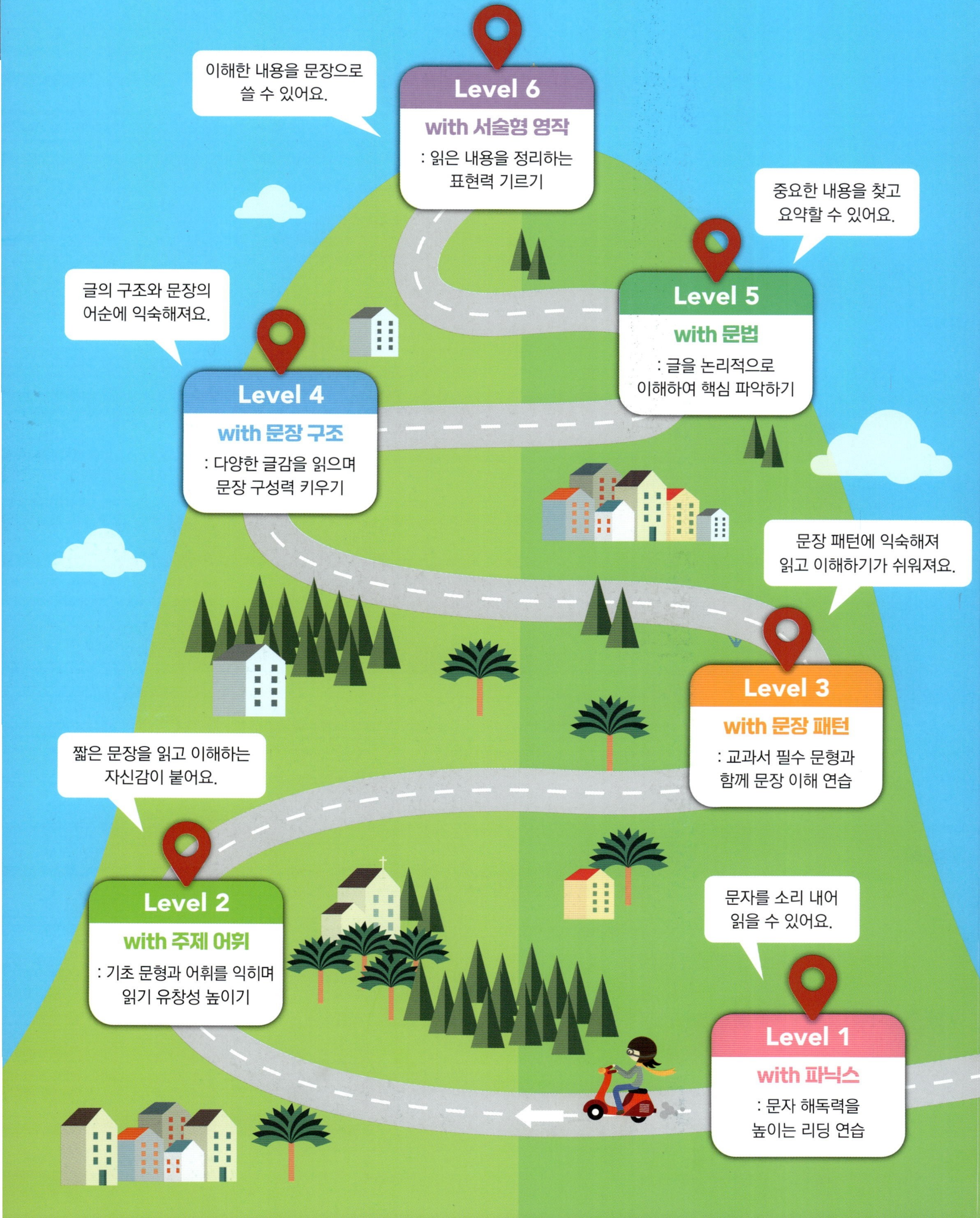